校园文化活动设计与组织指南

主编 王征 谢承红

中国民族文化出版社

北 京

图书在版编目（CIP）数据

校园文化活动设计与组织指南／王征，谢承红主编.

--北京：中国民族文化出版社有限公司，2023.10（2025.1重印）

ISBN 978-7-5122-1776-8

Ⅰ.①校… Ⅱ.①王… ②谢… Ⅲ.①校园文化-文

化活动-研究 Ⅳ.①G47

中国国家版本馆 CIP 数据核字（2023）第 192906 号

校园文化活动设计与组织指南

XIAOYUAN WENHUA HUODONG SHEJI YU ZUZHI ZHINAN

作　者　王　征　谢承红

责任编辑　张　宇

责任校对　李文学

出 版 者　中国民族文化出版社　地址：北京市东城区和平里北街 14 号
　　　　　邮编：100013　联系电话：010-84250639　64211754（传真）

印　装　三河市同力彩印有限公司

开　本　787mm ×1092mm　1 /16

印　张　13.5

字　数　160 千

版　次　2023 年 10 月第 1 版　　2025年1月第2次印刷

标准书号　ISBN 978-7-5122-1776-8

定　价　56.00 元

编委会成员

泰山"青未了杯"全国大学生电子竞技大赛

泰山·全国大学生动漫展

泰山·中国大学生音乐制作大赛

泰山·大学生影评大赛

泰山"青未了杯"全国大学生创意短视频大赛

泰山之春·大学生插花邀请大赛

"泰山"文创产品设计大赛

"青未了杯"大学生沙滩排球赛

泰山·大学生音乐节

"揽岳杯"校园戏剧节

庆祝建党100周年师生原创音乐剧《泰山谣》

"童心幻想·伴梦飞翔"志愿服务开放日

"T模记"校园模特大赛

"淬炼"领导力

泰山野战训练营

"乐燃派对"音乐篝火晚会

泰山豆腐宴制作体验节

师生集体生日会

前　言

党的二十大报告中指出"加快建设高质量教育体系，发展素质教育，促进教育公平"。校园文化活动在高质量教育体系构建和素质教育深化过程中发挥着基础性、源头性的作用。

近年来，泰山科技学院在帮助学生全面发展成长的过程中，遵循高等教育规律和素质教育的内在要求，以校园文化活动为主要载体搭建了学生综合成长生态，并升华、凝练为"完满教育"（Well-Round Education）平台。学生在社团活动、志愿服务、艺术实践、竞技体育、书院社区等为主要内容的活动、项目实践中，以组织者、参加者、观摩者和创造者等角色互动交融，不断得到浸润、改变和成长，进而善思辨、明责任、懂欣赏、凝意志，为未来的完满生活做好充足准备。

参加高质量校园文化活动是学生全面发展，淬炼人格、体格、性格、品格的重要方法。为进一步提升学校各级各类校园文化活动的品质，学校组建教师编写团队，梳理、凝练活动举办经验，按照活动分级分类的原则制定活动指南，形成一本旨在"一看就懂"的校园文化活动指南，以此提高高校学生活动组织和设计各有关工作团队师生的活动组织策划能力。

本书由学生活动育人概述、学生活动设计指南、活动推广操作指南三章组成。指南中将学生活动分为学科学业类、基层自主类、省级重点类、合作探索类、互动启发类、典仪体验类、竞赛比拼类、会议培训类、书院社区类九个类别，九个编写小组分别结合学校各工作团队活动真实案例，充分思考，梳理提炼，精准表达，形成指南。王征担任本书的总策划和总设计工作，谢承红撰写了第一章内容并指导各活动指南的撰写，武浩然、马凯旋具体推进和落实各活动案例撰写的组织、协调和优化工作，各案例编写工作团队承担案例的实践、总结和提炼，并在具体工作中持续优化和完善。

最终形成的活动指南类型丰富，内容翔实。我们期待这份来自基层和一线的实践总结，能够对当下和未来校园文化活动质量的提升给予一定的帮助，我们更期待随着工作逐步深入，有越来越多的朋友能一起分享成功活动背后的创设故事！由于时间仓促，水平所限，不足之处，请批评指正！

本书在编撰过程中得到了全国应用型高校第二课堂建设联盟的关注和支持，在这里一并表示感谢！

本书编写组

2023 年 2 月

目　　录

第一章　学生活动育人概述

大学的学生活动作为游戏，实在是大学生进入职场与社会前的一场预演，从这个意义上讲，学生的学术训练来自教室，人格形成则得益于课外活动。前者与一个国家的经济与社会的发展休戚相关，后者则对其政治、文化和精神生活产生深远影响。

——《大学国际化的历程》香港城市大学 程星

学生活动是指在课堂教室学习以外，根据受教育者需要以及教育教学目标实现的需要，在教育者的直接或者间接指导下，受教育者以团体互动为主要表现形式的一种学习过程。社群性、互动性、团体性，是学生活动的显著特征，在人工智能时代快速发展的当下和未来，大学校园的学生活动显得尤为重要。

近年来，泰山科技学院在办学治校、人才培养过程中，紧扣立德树人这一根本任务，关注时代发展和社会需要，从人的全面充分成长的角度出发，充分借鉴和参考重庆移通学院、晋中信息学院的优秀做法，搭建了完满教育实践育人平台，将学生活动的设计与组织纳入教育教学的全过程，并以必修学分的形式写进人才培养方案，上升为教育教学过程和人才培养方案的学生活动设计与组织，坚持"学习者为中心（learner centered）的需求导向和自主选择，呈现系统性结构化、具有时代性和分层次"的安排，形成了全校协同努力，从资源、要素、时间、空间等方面给予全方位保障的全环境育人生态。

第一节 学生活动的起源与特点

学生活动的起源和特点直接决定了其价值、意义、功效和形式、内容、载体，对学生活动的起源与特点的讨论是认识学生活动理论渊源、实践路径的重要过程。

1.1 学生活动的起源

在象形文字或者符号产生之前，人类的知识（经验）传递靠口口相传，这个过程往往是寓于人们的生产、生活活动中的。因此，学习和知识传递的起源最早是由活动、实践引发和开始的。因此，在学校（学堂、私塾）还没有出现前，人类社会的知识获得与经验传承更多的是靠集体活动而得来，从这个意义上讲，相较于课堂教学，学生活动的渊源和起源更早。

在我国古代，已经出现了课外活动这一种教育形式，并且对其认识和实践也相当成熟。《学记》中记载："大学之教也，时教必有正业，退息必有居学。"这里的"时"指的是古代教育教学内容要配合春夏秋冬的时令展开，比如春秋季节教礼乐，冬夏季节教诗书等，"正业"就是指的课堂教学和课堂学习，"居学"就是指课堂教学以外的活动，即是说，受教育者在完成课堂学习之外，还要进行与课堂学习有关的学生活动和实践。这样，才能使受教育者"安礼""乐学"，从而实现"安其学而亲其师""乐其友而信其道""虽离师辅而不反"的目的。

此外，从我国古代教育史的发展来看，我们也能清晰地看到课外活动的发展脉络和载体，比如西周的"礼、乐、射、御、书、数"的"六艺"之教，孔子"圣人""君子""有教无类""因材施教"等①，以及在漫长的封建社会中诸多教育家对教育的论说，虽然没有专门提出"学生活动"的概念，但都蕴涵着学生活动的思想、内涵和实践。这些论述和实践对于学生活动在教学活动中的发展起到了至关重要的作用，也直接推动了学生活动在中国教育史上发挥着不可替代的作用。

随着社会发展的需要，个别教学和单独传授被以班级（团体、批量）授课制为基础的课堂教学代替。从历史的发展看，课堂教学能够大规模地培养人才，适应社会和生产发展的要求，也是知识传递和社会进步的必然选择。但是，它又具有一定的局限性，不利于从实际出发和因材施教，不利于受教育者个人天性的充分发展。因此，在学校教育的过程中，作为课堂教学这一组织形式的必要补充形式，学生活动便应运而生，并在长期的发展和实践中，不断地完善和积累经验，日趋成熟。

值得关注的是，学生活动和课堂教学（学术活动）是有着根本区别的。课堂教学通过课堂内进行，从开始就知道其目标、内容、形式和过程，但是学生活动就完全不同，学生活动通常发生在课堂以外，而"课外"这两个字已经将它的重要性先降低了一级。但是，学生活动的效果和重要性是不能忽略的，受教育者在大学期间参与学校活动的方式和程度往往会影响到他们今后在社会、职场和生活中的表现。

在我国近当代，有关学生活动的第一本专著是李相勖、徐君梅、徐君藩等人在 1936 年编著的《学生活动》，第一次定义学生活动为"学生正课以外所参加的，同时不能获得学分的活动"。在国外，1945 年的美国《教育词典》指出"学生活动是指学生团体或教育机构为培养学生的兴趣和能力，以及向他们提供娱乐和进行教育而举办的各种不算学分的活动。"值得关注的是，无论国内外，在近当代对"学生活动"的定义和实践，都提出和强调"不计学分"，一方面认为这是学生的活动，应该容忍学生自主，有其成长的空间（Frederick，1959；Hinton，1964）；另一方面，学分的外在诱因牵制了学生自由发展的方向，甚至使人格模糊②。这里的"不计学分"指的是不和"课堂教学"一样计算同样的学分，而采用符合学生活动特点和方式的学分记录、评价考核等是有必要的。

中华人民共和国成立后，我国高等教育取得蓬勃发展，和国际教育特别是欧美等西方发达国家高等教育的交流、交融有了进一步体现，教育教学理念和实践不断完善，特别是

---

① 李灿荣. 论素质教育的由来 ［J］. 新西部，2012（18）：139.
② 黄毅英，周昭和. 学生活动、非正式课程与全方位学习 ［J］. 学生活动通讯，1996.

20 世纪 80 年代以来，大家越来越认识到，传统的选拔考试制度把考试成绩作为决定升学或就业资格的依据，出现以升学为目的，以死记硬背为主的应试教育现象，而这种教育违背教育规律，严重背离了树人、育人以及促进个体全面发展的教育价值追求。在面向世纪教育战略的思考下，各级各类学校都把提高受教育者的素质和能力提到了教育改革的议事日程，提出了"素质教育"和"第二课堂"的概念和实践，主张有目的、有计划、有组织、有重点地开展学生活动，如科技活动、阅读活动、文体活动等，更注重学生的思想道德素质、综合能力培养，个性发展、身体健康和心理健康教育，这从另一个维度推动了学生活动的发展。

大学校园里的学生活动在共青团、学生会、学生社团等群团组织、学生组织的带动和参与下，形成了特色鲜明、内涵突出、内容丰富、品牌持久、效果明显的特点，进一步诠释和推动了学生活动的发展。这些学生活动一方面成为大学生学习、互动、社群参与的重要平台，进而成为自身综合能力和素质提升的重要路径，另一方面也极大地丰富和培育了繁荣的校园文化，传递和彰显了主旋律色彩，对于思想政治教育也有极大的帮助作用。

从世界高等教育发展的过程来看，随着对教育教学工作规律的把握和认知，高校都十分重视学生活动的开展和组织，欧美高等教育发达国家的高校都普遍认为大学生不应该埋头读死书，而应学以致用。如美国高质量教育委员会经过历时一年半的调研，在 1983 年提出了"国家处在危险之中，教育改革势在必行"的研究报告，该报告指出，为了积极参与"在全球进行着的才能的再分配"，提高美国的国际竞争力，"必须致力于改革我们的教育制度"。所谓"高质量教育"的目标，就是"帮助所有的学生最大限度地发挥他们的智力、成就和学问的能力，具备确定目标的能力，具备有秩序、有系统地工作的能力"[1]。日本临时教育审议会则在 1985 年通过了"关于教育改革的第一次审议报告"。报告强调，为了使新一代面向 21 世纪，"在学校里要特别注意贯彻德智体各方面协调发展的基础教育"，"使孩子们学到各项基础知识，具备人生成长过程中所必需的基本素质及丰富的个性和社会性，培养真才实学、健康的体魄和美好的心灵"。[2]

总体看，欧美高等教育发达国家的大学生都注重从社会实践中不断提高自己的综合素质，他们经常利用课余时间主动地参加学生活动，其目的是结识更多的朋友，交流经验、互动信息、实现资源共享和提高社交能力等。从另外一个维度讲，欧美高校本身也给学生活动提供了全面的支持和保障，比如时间充裕（以哈佛大学为例，一名全日制大学生一般每周只需要在教室里听课 12~18 小时，而每周用于学生活动的时间则是 22 小时）、资源支持、空间广阔、形式多样、组织规模化、管理制度化、经费多元等。

---

[1] 国家教育发展与政策研究中心. 发达国家教育改革的动向和趋势（第一集）（M）. 北京：人民教育出版社，1996.

[2] 伍安春等. 国外大学生学生活动对我国开展素质教育的启示 [J]. 重庆工学院学报，2006（5）：174—176.

从国内、国际教育史的发展看，从学习行为产生的那一刻起，学生活动与课堂教学从来都是一个完整的教育系统，学生活动是课堂教育的必要补充和重要延伸，二者相互作用，相辅相成，对完成教育任务、实现教育目的具有同样重要的作用。学生活动对于解决受教育者的全面发展与因材施教，一般发展与特殊发展，间接经验与直接经验，时间限制与空间困难等矛盾都具有重要的意义。

1.2 学生活动的特点

学生活动与课堂教学虽然都是实现教育目的的重要途径和选择，但是由于学生活动在活动内容、组织形式、活动方式、活动过程、评估反馈等又不同于课堂教学。因此，又具备了其自身的特点。这些特点主要在于集体互动性背后的自主、自发、灵活、实践、社群、互动、协同与创新等多个维度，正是这些区别于课堂教学的特点，才使学生活动从开始就发挥了与课堂教学相比不可替代的作用。

1.2.1 自主性与自发性

与课堂教学相比，学生活动无论是在时间、空间还是过程上都具有自主和自发的特点，是需要完全依靠教育者、受教育者的自我能动性参与的过程。此外，因为学生活动是在课堂教学以外进行的教学活动，所以组织者应根据教育教学和育人目标的实际需要，可随时随地经常性地组织形式多种多样、内容丰富多彩的活动，学生活动有时是学校或校外统一组织的活动，还有很多时候是在学校或校外，受教育者根据自己的兴趣、爱好、特长以及实际的需要，自愿地和自发地组织、选择和参加的活动。这样不仅能发挥受教育者的积极性和主动性，而且能使受教育者的才能、个性得到充分发展，有利于受教育者的优良个性品质的培养。

高校共青团、学生会、学生社团等发挥了组织学生活动的重要作用，这些以青年学生为主体的群团组织、学生组织本身就带有自主、自发、自然、自觉的特点，他们在实际工作中组织和带动的学生活动更是具有自主性和自发性的特征。在国外，高校学生组织、社团组织也十分普遍，如美国高校的兄弟会（fraternity）和姐妹会（sorority）是美国大学校园的最有特色的学生组织（几乎每个美国大学生都有自己的兄弟会或姐妹会），兄弟会、姐妹会经常举行各种各样的学生活动，而且不论是会员或者其他学生都可以参加，有些大学校方甚至会为兄弟会、姐妹会的派对和活动提供经费支持。这些学生自主组织的活动很大意义上就是课堂教学的重要延伸和补充，甚至和课堂教学同等重要。

1.2.2 灵活性与实践性

从学生活动的起源和性质来看，学生活动的开展，可以根据学校的实际情况和学生的身心发展状况等来确定。活动规模的大小、活动时间的长短、活动内容的选择、活动地点的安排、活动形式的设计等有关要素和元素都能灵活掌握，没有固定模式，生动活泼、灵活多样。以学生为中心的学生活动，就意味着学校或有关教育机构更是从学生的角度出发，设计、组织和推进学生需求、学生满意的学生活动，在时间、经费、场地、宣传、人力等资源方面给予更多的倾斜和支持，这更能体现学生活动的灵活性。

此外，学生活动与课堂教学相比，具有很强的实践性，课堂教学中，学生可以获得知识，培养思想品德，提高审美能力等。在学生活动中，受教育者更是从组织者、策划者、参与者和创造者等不同角色中有直接动手和实践的机会，在其亲身参与、组织、设计的各项实践中，获得了实际知识，提高了思想品德和身体素质，各方面的能力都在实践活动中获得了发展。在美国高校的录取中，除了对高中毕业生有较高的学习成绩和学术研究潜力的要求外，也注重高中生参与学生活动的实践经历，包括学术性的（奥林匹克科学活动、美国高中十项全能冠军队）、演讲和辩论 [在美国高校最被认可的三类俱乐部是：演讲俱乐部、辩论俱乐部、模仿法庭辩论队（Mock Trial Team）]、义务活动、学校和社区服务等各个方面。这从另外一个维度也表明，学生活动不是孤立于课堂教学而单独存在的，它是课堂教学的实践、检验和强化。

1.2.3 社群性与互动性

学生活动的社群性和互动性是相辅相成的，有了社群特征和社群关系的学生活动自然就有了其互动性，而社群性和互动性本身恰恰是大学生浸润、成长和改变的重要载体和路径，并且是学生活动对于学生增进学习效果和意义的重要原因。

任何一项学生活动，都需要人数不一的若干团队共同参与和完成，"麻雀虽小，五脏俱全"，每一项环节和每一个角色都不能或缺，不然，就不能称之为"活动"。所以，学生在学生活动中无论从组织者、参与者、观摩者等哪个角度都能体会和感受到社群性与互动性。这种社群性和互动性也是在角色扮演、任务分工、岗位体验、过程分享中完成的。

社群精神和社群情感是人类社会发展过程中的重要社会属性，人不可能孤立地存在，只有通过社群获得相互交流、互通、交融才能获得存在的价值、目的和意义，也是获得健全人格，合理的世界观、人生观、价值观，自身角色认知的过程。作为高等教育，让学生在完成大学学业、获取专业知识和专业技能的同时，让他们通过社群教育和社群活动得到完善和成长也十分重要，可能后者更为实际和必要。随着互联网、新媒体以及各项科学技术的井喷式发展，"颠覆、创新和重构"成为时代的主题词时，学习的空间、概念和过程变得越来越多元，哈佛商学院的课程在互联网上都可以轻松获得，那就意味着学生不上大学，也可以获得最先进和前沿的专业知识（前提是自己愿意），那么上大学的意义可能更多的就回到了社群和互动中了。

1.2.4 协同性与创新性

学生活动的自主性和自发性、灵活性和实践性、社群性与互动性也决定了其协同性和创新性，协同与创新构筑了学生活动的过程和路径，也只有协同和创新的学生活动才是有意义和价值的。以学生为中心的学生活动与纯粹意义上的学生活动相比，可能更加关注学生的获得、成就、参与和期望，也就更加关注学生在学生活动中的协同与创新，这也为其提出了新的更高的要求。

不同的角色扮演和不同的分工，共同完成一项学生活动，需要领导者的分配与决策、组织者的负责与部署、执行者的执行与落实、观摩者的互动与参与，每一个环节和角色都必须要高度统一和配合，而这种高度统一和配合是借助两个工具完成的，一是相对完备的、实际的活动策划书，二是相互协同协作的指挥和团队合作。有了协同性的过程，也才促成了学生活动的多元教育意义，学生通过学生活动中担当不同角色、协同的过程和选择掌握课题教学之外，却又十分重要的能力和素质。

创新——永远是学生活动的主题词，青春、新颖、活泼、奔放、个性、自由、新奇等往往是学生活动的代名词，我们很难想象一成不变的学生活动形式会受到学生的喜欢和拥护。从另外一个维度讲，学生活动往往比课堂教学更容易受到社会发展、时代变化甚至是网络流行趋势、电视台综艺节目和微博、微信内容的影响，具有极其强烈的模仿、借鉴与创新可能，这也决定了其创新性的属性。

第二节 学生活动的价值与意义

大学生的普遍年龄在18～22岁之间，这个群体的人们好奇、好动、好胜，情感丰富，渴望交流和相互理解，具有很强的表现欲望、竞争意识和参与意识，对自身和周围的事物抱有浓厚的兴趣。这些学生的特点决定了他们在完成课堂学习和专业学习外，还应进一步拓展更广泛的领域，参与学生活动，获得和感知学生活动的价值与意义。而学生活动本身又恰恰为这类受教育者提供了相关的、独特的平台和需求，同时阐释和折射出独特的价值和意义。

2.1 学生活动的价值

2.1.1 对受教育者的价值

我们关注学生活动的价值，除了学生活动本身以外，更为重要的是学生活动为学生带来的价值，而这种价值是帮助学生浸润、成长和改变的，是引导学生成人、成才和成功的。

一般讲，学生活动具有以下价值和能量：具有影响力，也即对他人、自身的生活和行为产生了变化；贡献力，学生在学生活动中的贡献与作用，以一种角色和身份为活动的组织和完成贡献力量；学习到的技能和天赋，通过活动得到了一项技能、技巧和能力；目标感，即通过学生活动实现某目标；经历的"第一次"，通过学生活动让学生经历和接触之前没有经历过的事情，获得"第一次"的体验；成功和胜利的体验，如参加竞技体育活动得到的冠军、瞩目的成绩；领导力的提升，通过学生活动习得的领导力和领袖气质；改变团队的发展，通过参与者的努力，让团队得到改变和发展；创新和创造过程，通过学生活动让"想法"变为"现实"，实现创新、创造。此外，能力、效率、高能级、冒险性、责任感、好奇心、毅力、合作、持续的承诺、成熟与个性、激情与专注，对生命的珍惜与热情参与，感恩等，都是学生活动给予参与者的价值。

学生活动的价值，从另外一个维度讲就是引导受教育者剥离传统的成长期望和路径，回归到成长和生命的常态，助力成为可能的那个自己。大多数人从小都被灌输这样的观念，那就是要成为"成功"的人，要"出人头地"，所谓"成功""出人头地"的标准多半就是"考试第一""拿一等奖学金"，进而是"有钱""有地位"。但是，有一个不争的事实，那就是我们大多数人终其一生都将是平凡的大多数，最终按这样的标准，99%的人也不可能实现所谓的"考试第一""拿一等奖学金""成功"和"出人头地"。那么，如何让平凡的大多数人在平凡的人生中活出精彩，实现价值？学生活动的教育可能会解决这一问题，它会给受教育者带来知识、技能、体能、艺术才能的平衡和心态的平和，因为精彩和价值在于知识、技能、体能和艺术才能的平衡，心态的平和，从而引导周围的人上进；精彩和价值在于成为合格的丈夫、妻子、父亲、母亲和同事，从而能成为真实的自己。

2.1.2 对学校的价值

学生活动对于学校的价值主要集中在能营造更好的办学环境和教育环境，大量的、高频度的学生活动让学校更有生气和活力，不再是沉寂的、安静的和死板的育人思维和环境。同时，让学校的受教育者、教育者能进行课堂以外的互动、交流，更好地助力受教育者的知识获得、专业学习、综合技能提升。此外，良好的学生活动及平台，还有助于提升学校的品牌和声望。

2.2 学生活动的意义

学生活动的意义是广泛而深刻的，作为教育和学习过程中重要的过程，它在人的身心发展中有着重要的意义和作用。

2.2.1 课堂知识在实践中的检验和升华

课堂知识是按照教学大纲和要求传递给学生的概念、准则、经验、规律等，而学生能在学生活动中将课堂上获得的知识运用于实际，从而加深对课堂知识的理解，同时通过实践的学生活动也可以将课堂知识进行对比、检验和理解上的升华，进而在已获得的知识的基础上，进行实际操作和互动，并能不断地发现新的知识，掌握新的技能。此外，从学生活动本身的角度讲，内容丰富多彩、形式多种多样、过程具体鲜活的学生活动，还可以激发学生的学习动机和学习欲望，推动学生不断地探求知识，刻苦学习，助力专业知识的学习，并且能够培养和发展学生的创造力以及手脑并用的能力。

2.2.2 个人志趣、能力提升的重要过程

在学生活动中，通过多种形式的政治教育、革命传统教育活动，可提高受教育者的思想政治觉悟和价值理念，培养受教育者爱党、爱国、爱人民的情感；通过参观访问，学习现实生活中的先进人物和典型事迹等，使学生对照自己和身边事情，找到差距，不断提高；参加社会公益劳动和志愿服务行动，更好地了解社会现实和国情，提高学生的良好道德品质和朴素的人民大众观；通过课外阅读、参观、访问、讲演、竞赛等活动，还可以不断地丰富学生的精神生活，使其健康活泼、自由地发展。通过课外体育活动和竞技体育运动，可以发展学生的强健体魄、团队协作力、领袖气质等。学生通过创造美、鉴赏美、感受美的艺术实践等活动，可以提升其审美能力，分清基本的美丑善恶。

应该说，学生活动的内容丰富、形式多样，学生只要热情参与和倾情付出，总会从观摩者、组织者、参与者等不同的角色和角度发现、发挥、培育、培养个人的志趣、爱好、特长和能力的。

2.2.3 学生领导力提升的有效载体

"领导力"是一个十分有内涵和外延的概念，对"领导力"的概念要有全面正确的认识，领导力在显性的方面有个人魅力、沟通能力、组织能力、协调能力、表达能力、创造能力等，在隐性的方面，包括影响、思维、格局、修养、性格、养成和习惯等。大学的教育，就是要让每一名学生将来走上社会后本身就有领导的气质、领导的气场、领导的潜力，这样对他的职场、生活、人际沟通和角色定位都十分有帮助，而不是说每一个学生将来都一定要做"领导"。

根据惯例，哈佛大学每年都会对新生进行一次背景调查，调查包括学生的学业、生活及家庭情况，超过半数新生每年都会参与调查并给予反馈。据哈佛大学校报（*The Harvard Crimson*）公布的 2021 届新生的调研显示，哈佛新生高中参加的学生活动种类非常多，从统计数字来看，参与最多的前三种是社区服务、体育和学生政府，比例分别为 74.4%、

62.9%和39.3%，并且大多数学生在高中阶段的学生活动中都是领导者，在参与调查的哈佛新生中，只有15.8%的学生在高中阶段没有在学生活动中显示领导力特质①。

需要学生广泛参与的学生活动，是学生领导力提升的重要过程和路径，一场活动"麻雀虽小，五脏俱全"，大到活动的主题、方向和环节，小到场地的布置、主持人串词、新闻稿撰写等都需要每一个学生活动参与者以项目组的形式尽心负责。而舞台上的光鲜亮丽、球场上的顺利夺冠、志愿行动的坚持坚守、社团活动的多彩缤纷等学生活动的背后，对参与者的思维、格局、修养、性格、养成和习惯乃至协调能力、组织能力、表达能力和创造能力都会有很强的锻炼，是很容易提升其领导力的。

2.2.4 社群与人际提升，助推"完整的人"

人总是要与他人发生互动和关联的，不可能孤立地存在，讨厌也好、喜欢也罢，总要以自己特有的并且合适的角色和身份存在于一个团队中。而学生活动必然使学生与不同的人发生关联，这些不同的人可能是不同的专业、不同的年级、不同的性别、不同的生源结构和不同的成长环境，怎么与人相处、怎么与人沟通、怎么获得人际交往的获得感和成长感，学生活动发挥着不可替代的作用。

而一个人在拥有了社群和人际交往后，还更应该期待和追求成为"完整的、全面发展的人"，但"完整的人"不是简单的各种特殊才能的叠加，而是全面占有自己的本质，获得和谐发展、提高生命质量，包括健康的身心、健全的人格、学习的能力、自觉的意识等。但"完整的人"绝不是"完美的人"，而是通过教育和养成，让学生在优势领域得到充分发展，弱势领域得到一定补充，各个领域的潜能得到最大限度的激发，做"最好的自己"。对于"完整的人"的理解，最早可以追溯到孔子"三达德"教育思想。孔子"知仁勇"三达德思想在《论语·子罕》中有详细描述，即"知者不惑、仁者不忧、勇者不惧"，这也是孔子所倡导的道德规范体系的基础，这种思想蕴含着人类普遍人格思想的萌芽，具有高度的概括和普遍持久的价值和意义。也就是说一个人要有"知"（通"智"，即自然知识、社会政治知识、天命之知）、"仁"（指人与人相互友爱、互助、同情等）、"勇"（胆识、胆量、魄力、节制与正义等），才能成为基本的"人"，才能"不惑""不忧""不惧"。而我们想想，课堂教学可以给学生"知"，但绝不是全部的"知"，"仁"和"勇"未必能给予，这就需要靠实践的、互动的、鲜活的、多元的学生活动渗透、凝练和给予。因此，通过学生活动可以将"智仁勇"三达德进行很好的诠释和呈现，学生也可获得全方位的提升和发展。

2.2.5 思政教育的有效途径和载体

实践证明，通过学生活动推动高校思想政治教育是必要的、有效的。大量的学生活动

---

① 什么人能上哈佛？2021届新生背景大调查 [J]．美国留学快报，2017（09）-01.

实际上也解决了传统教育中"智育限于知识，美育限于技能，德育限于说教"的尴尬局面，让思想政治教育融入活动，并使其生动、鲜活、多元、系统、全面和具体。

高校的思想政治教育关系着"举什么旗帜，走什么道路""为谁培养人，怎么培养人"的基本问题，是十分紧迫和重要的课题。但是对于学生来讲，纯粹的、直接的，甚至是灌输式的、填鸭式的思想政治教育和核心价值观传递难免会使学生感到枯燥和抽象，效果不一定明显，如果将思想政治教育的要求、内容和元素融入丰富多彩的学生活动，并加以创新、实践，以鲜活的、生动的、具体的形式加以呈现，以浸润、熏陶的形式影响受教育者，达到润物无声和春风化雨的目的，效果将会更好。这就好比人体需要盐分一样，如果直接摄入难免会引起人体不适甚至无法吸收，起反作用，但是如果将盐融入人们每日三餐必需的食物中，既提高了食物的美味，又促使了人体更好地吸收。

从另外一个维度讲，马克思主义学说本身就蕴含了实践的真理，实践也是核心价值观的生命力，只有实践的、互动的、多元的学生活动才能让核心价值观传递和思想政治教育工作更有生命力。

第三节　学生活动的内容与载体

泰山科技学院坚持"以学生充分全面成长"的办学价值观，以此围绕学生的需求、学生核心价值能力提升，讨论、尝试和形成相对完整的、成体系的学生活动内容和载体。这些学生活动的内容和载体不是孤立的、零散的和无序的，而是有高度的关联和逻辑联系（图1），它能从不同的维度、不同的方向助力学生的公民意识和道德责任感、有效沟通交流能力、批判性思维和创新能力、艺术修养与审美能力、健全体格和坚韧毅力、多元思维和国际视野、领导力和团队合作精神等，进而为更好地步入社会做好准备。

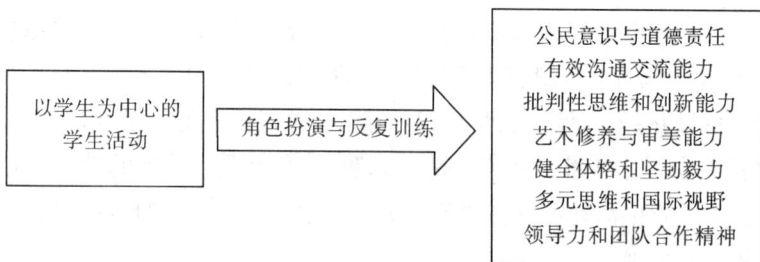

图1　以学生为中心的学生活动

学校整合、优化校园文化平台和体系，在推进学生的全面成长发展过程中升华、巩固为"完满教育"实践育人平台。完满教育是泰山科技学院"心系中国根、怀揣世界梦"探索创新的素质教育大平台，是学生从校园人成长为社会人的重要路径，是学校紧扣立德树人根本任务的生动实践。完满教育以学生全面发展为中心，构建了社团活动、志愿服务、艺术实践、竞技体育为主要内容的育人体系。学生在丰富多元的实践、体验中，以组织者、参加者、观摩者和创造者等角色互动交融，不断得到浸润、改变和成长，进而善思辨、明责任、懂欣赏、凝意志，为未来的完满生活做好充足准备。

3.1 完满教育主要内容构建

3.1.1 社团活动

社团活动（Community activities）是学生活动的基础板块，主要以学生社团为载体，依托学生社团的特点和特征，组织开展大量的校园社团活动，学校给予大力支持和帮助。学生社团是学生自愿组成，为实现成员的共同愿望，按照其章程开展活动的非营利性群众组织。以兴趣为导向，以共同目标为社团愿景的学生社团有益于学生的健康成长和学校各项工作的进行。学生社团组织和活动还有活跃学校的校园氛围，提高学生自我管理能力，丰富学生课余生活的目的。

学生社团利用学生的课余时间开展各种形式的学生活动，交流思想，切磋技艺，互相启迪，增进友谊。在丰富多彩的社团活动中，学生可以观察团队中不同角色的同学如何处理交往中的冲突、如何说服他人和影响他人、如何发挥自己的合作和协调能力、如何表达对他人的尊重和真诚、如何表示赞许或反对、如何在不冒犯他人的情况下充分展示个性等。通过观察和模仿、实践与尝试，自身的交往能力也会有意想不到的提升，从而体验到每一个社团成员都是彼此的老师，值得去发现和学习。

"百团大战""社团文化艺术节""大学校园创意文化节""大学生校园电影节""宿舍文化节""社团巡礼节""科技文化节""社团挑战月""社团嘉年华"等丰富多彩的社团活动是大学校园生活中的重要内容。值得注意的是，这里的社团活动不一定都是出自学生社团，只要是校园里的相关组织、团体或俱乐部组织的不便于归类到志愿服务、艺术实践、竞技体育等其他方面都可统称为社团活动。

3.1.2 志愿服务

志愿服务（Volunteering service）突出"自愿""服务"的特点，是指任何人（包括团队和组织）志愿贡献个人的时间及精力等，在不为任何物质报酬和直接利益驱动的情况下，为他人提供便利和帮助以及改善社会、促进社会进步而提供的服务。志愿服务的核心在于用自己的时间、技能、资源、善心为邻里、周边、社区、社会等提供非盈利、无偿、非职业化援助的行为。因此，志愿服务的关键词是"爱心""责任""担当"，作为接受高等教育的大学生，有的是时间、精力、文化和激情，在不需要特殊技能和特长的情况下，就可集中精力持续参与的志愿服务，作为学生活动的重要内容。

出生于新世纪的学生已经成为大学校园的主流，在物质条件相对较好的成长环境中，有必要走出校园、融入社会参与形式多样的志愿服务行动，体验不一样的生活状态，以传递志愿者精神，感受社会疾苦，认识社会现象和社情国情。此外，在志愿服务的过程中，还为自己和他人保存一份温暖的美好记忆，获得一笔宝贵的心灵财富，正视自己和他人内心柔软的部分。

志愿服务工作可以分为"志愿服务行动"和"志愿精神传递"两部分，因为高校学生人数众多，志愿服务行动的载体和体量要求比较大，即使在网络公益、微公益作为补充，以及在学校周边的社区、农村、工厂、企业、有关机构等的支持下建立志愿服务基地的情况下，也不一定能满足大多数学生志愿服务行动的需求。所以，志愿精神传递的过程就显得十分重要了，常态化、系统化的志愿培训，邀请公益人物、志愿服务组织和校园志愿明星与学生交流、对话、沙龙、讲座，甚至为所有学生开设一定学时的志愿服务专门课程，都是志愿精神传递的有效过程和载体。值得注意的是，无论是"志愿服务行动"，还是"志愿精神传递"，其落脚点都不在于引导学生有"怜悯""同情""可怜""帮助"之心去帮助弱势群体，而是以"平等""合作""共享""参与"的心态面对，但最终都回到"志愿精神传递""志愿服务意识树立""自我成长和改变"上，毕竟，受"帮助"的可能更多的是志愿者本身。

近年来，国内外高校志愿服务事业都取得长足的发展，国内志愿服务的氛围不断增加，社会公益组织和慈善、公益等基金会迎来发展春天，随着《志愿服务条例》以及青年诚信体系建设规划的出台、青年诚信体系建设工程的实施，各高校志愿服务工作更朝着有内涵、有意义、有意思的方向努力。开展以志愿服务为内容的学生活动，更应注重"项目化、借外力、第三方"的思考，推动公益创业、公益项目、公益工作坊建设，让更多的学生在志愿服务的过程中不再是简单地为敬老院老人洗脚、为留守儿童辅导功课、为环卫工人送温暖，而是参与提升层次、影响深远、意义重大的志愿行动和公益事业。

3.1.3　艺术实践

艺术实践（Artistic practice）是指组织学生进行艺术活动、艺术创作、艺术鉴赏以提高其艺术修养和实践的能力。最好的心灵教育是艺术，艺术是一种能力，艺术的能量和价值是巨大的，可以启发学生的思维，拓展学生的知识面，让学生开朗和欢笑起来，为任何时候感到彷徨、失落和迷茫的自己建立一种保持乐观心态的方法；艺术是一种氛围，可以让学生从不懂欣赏，到习惯欣赏，再到批判性地思考，从而能为一首曲、一支歌、一段舞、一幅画所感动、震撼；艺术也是一种催化剂，可以促使学生创造知识、思考人生，养成心中对美的追求和向往，从而发现生活中的美，懂得最基本的"美"与"丑"、"善"与"恶"、"真"与"假"。此外，每一次艺术实践活动，对于学生来说都是一次生动的学习和教育，让他们感受和体会到不同的角色，在角色塑造的过程中体会和观摩人生百态，也考验着团队及个人的承受能力。因为，舞台上和演出过程中，光鲜亮丽的一面和失误挫折的一面，都是学生背后的付出、忍受、等待和坚持。

随着教育理念的传递和美育工作的深化，国内高等院校也越来越重视艺术实践工作的开展，大多数学校和教育行政主管部门结合有关特点和特色，围绕校园文化建设和繁荣的目标开辟和搭建了一系列有深远影响的和重大意义的艺术实践平台。如"高雅艺术进校园""校园之春""周末文化广场""校园歌手大赛""校园舞蹈大赛""校园主持人大赛""校园歌曲合唱比赛"等，甚至部分高校还投入大量人力、物力和财力开辟了校园音乐节、校园戏剧节等，产生了深远的意义和影响。

3.1.4 竞技体育

竞技体育（Competitive sports）主张团体性的、对抗性的体育赛事和活动，以最大限度地挖掘和发挥人（个人或群体）在体力、心理、智力等方面的潜力的基础上，以攀登运动技术高峰和创造优异运动成绩为主要目的的一种运动活动过程。竞争性、团体性、公平性、公开性、不确定性和娱乐性是竞技体育的特点，其目的在于培养受教育者团队协作意识、领导力和领袖气质，而锻炼身体和强健体魄反倒是顺带和次要的。

竞技体育给予学生的成长和改变的功效是全面的、长期的和持久的，除了帮助学生获得健康的体魄，进而为他们未来完满的高质量的生活做准备外，更为重要的是为他们精神和人格的培育奠定基础。学生在竞技、拼搏和活动的过程中，面对胜利不骄傲由零开始，面对失败不气馁冷静处置，面对不公待遇理性对待以及一着不慎满盘皆输的懊恼、一球制胜扭转乾坤的喜悦，一分之差定胜负的焦灼与等待，都会使学生逐渐形成强大的心智、宽容的心态、平静的内心。此外，团队合作的意识和能力也是竞技体育能带来的功效，关键球的传位、对抗过程中的战术安排、突出情况的处置、矛盾冲突的解决，团队文化、精神和理论的传承等都是领导力和领袖气质培养的最好过程和途径。竞技体育带给受教育者的生活态度、生活习惯、生活养成也是持久的、清晰的和长期的。

学校十分重视竞技体育在学生培养过程中的重要作用，除了传统的足球、篮球、排球、游泳、羽毛球、乒乓球等项目外，铁人三项、自行车、迷你马拉松、沙滩排球、泥地项目、营地教育等之前在社会体育运动中才出现的项目也开始在学校盛行，"体育文化节""田径运动会""各类联赛"更是为学校体育发展带来了生机和活力。

3.1.5 其他方面

其他方面（Ather aspects）指的是在学生活动中除了社团活动、志愿服务、艺术实践、竞技体育以外的有关活动和形式，如思想理论学习、参观学习、社会实践、大众体育、文娱活动、劳动教育等等。这些一方面折射出学生活动的内涵和外延非常广泛，另一方面也展现出了学生活动的生机与活力。

学生活动包含无穷的内容，学校只是在这无穷的内容中遴选并找到了与学生成长有关的，能更好地帮助他们在学好专业知识的同时，拥有健全的人格、阳光的心态、强健的体魄，进而为未来完满的生活做准备的活动内容和要素。其他有涵盖的，但能起到正向、积极、健康和促动作用的学生活动，亦可以纳入相关活动体系，并加以总结归纳和整理，成为重要的育人抓手和载体。

3.2 学生活动的主要载体

学生活动的载体指的是在开展学生活动过程中的有关资源、平台、项目等有关要素，以及学生活动开展过程中的有关其他要素。我们在这里，更多地关注各类资源的整合以及平台项目的搭建。

3.2.1 各类平台资源的整合

学生活动在实践和推进的过程中，应重视各类资源的整合、开发和应用，以逐步形成平台资源、教师资源、榜样资源、社会资源、媒体资源、空间资源等各类资源，从而更好地推动学生活动的开展。

平台资源指学生活动的活动平台和活动方向包含了学生活动的主要内容和方向，比如前文中提到的社团活动、志愿服务、艺术实践、竞技体育，以及学科竞赛、创新创业、劳动教育等，每一个平台下面将是数十个乃至数百个活动平台和项目，这些活动平台和项目相互关联和互补，形成极强的逻辑结构和关系。

教师资源指帮助学生活动实现的教师团队，这支团队需要具有极强的创新精神、共情能力、多角度思维和全方位才能，并且有指导学生团队、培育学生组织的能力，还要有较强的抗压能力和丰富的活动策划、创办经验，这支队伍是营造环境、整合资源、引导受教育者朝着既定的方向和目标自发、自然和自觉地开展学生活动。

榜样资源指在学生活动开展过程中应主动挖掘、培养和树立典型人物、典型团队，给予这类群体较高的荣誉和平台，让他们成为受教育者身边的明星，并使其优秀事迹和主要成果成为学生成长和进步的榜样和力量。

社会资源指学生活动开展过程中应取得一定的社会资源支持，包括学校驻地的团组织、社会有关组织和机构、地方政府、学校所在社区和村落，以及毕业校友、知名人士等，他们是推动学生活动升级的重要力量。

媒体资源指的是在开展学生活动的过程中应建立相对成熟和稳定的发声、推广渠道和平台，包括自媒体、校园媒体和校外媒体，这些渠道和平台可以有效地传递学生活动的内容和理念，推广学生活动的工作和成果，进而引导、辐射和带动更多的学生知晓、参与和互动。

空间资源是学生活动开展的基础，需要教育者根据学校实际情况和学生活动开展的实际需要不断整合、争取各类场地。

3.2.2 "活动课程化"（项目平台开发）

"活动课程化"是基于"活动也是学习"的观念，让学生活动与课堂教学有机地统一和整合，全方位、无缝隙地为学生的改变和成长服务。"活动课程化"的基本逻辑在于将每一项活动作为一门规范的课程（项目）来对待，不再是部分老师和学生心中的"吹拉弹唱、打球照相"，而是认真面对、积极呼应、全面参与。"活动课程化"的过程是通过"学生活动系统平台"（类似于教务系统，泰山科技学院为悠学派 APP），活动组织者提交活动申请和计划书，审核后即通过平台发布，学生通过平台报名、选择（选课），组织参与并认证学分。学生毕业时，平台将完整记录大学期间参与活动、活动获奖的全过程，届时可以完整打印并发放给受教育者（这也是"第二课堂成绩单"制度的具体实践）。

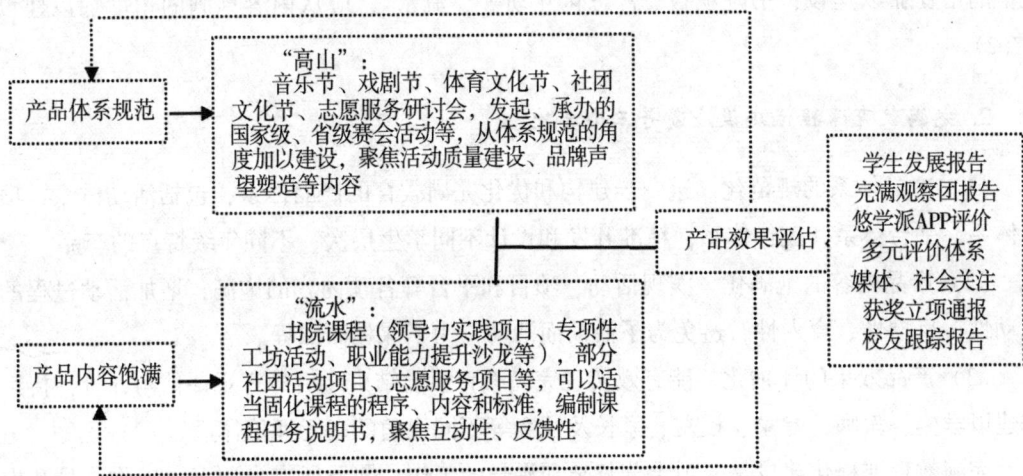

图2 完满教育课程化建设的逻辑设计

古今中外，对于"课程"的概念解释纷繁复杂、包容万象，分科课程与活动课程、核心课程与外围课程、显性课程与隐性课程等。其中，杜威主张"课程即活动"，泰勒认为"课程内容即学习经验"，两者的观点与完满教育课程建设的探讨极为接近。我们主张，广义上，课程是一种教育性经验，是对主体产生积极影响的各种因素的总和；狭义上，课程专指学校场域中存在和生成的有助于学生积极健康发展的教育性因素，以及学生获得的教育性经验。

综上，"课程"不仅仅是传统教室里发生的课堂教学和学习行为，一切有利于学生发展的资源、环境、活动和安排等都可以是"课程"的范畴。

1. 完满教育课程化建设应明确三个原则。

（1）课程建设不是固定化，而是项目化。完满教育的课程建设不是把所有活动、项目和平台的内容固化，这个在理论和实践中都很难成立，毕竟，完满教育的产品都是流动的、创新的和实践的。课件建设是应该按照项目、体系的原则予以建构。

（2）课程建设不是标准化，而是系统化。完满教育的课程建设不是要求所有活动都按标准实行，任何活动"麻雀虽小，五脏俱全"，因地、因时、因人情况各不同，很难标准化，而是从学生需要出发，精准设计、系统安排，进而全面实现完满教育产品的系统化、体系化。

（3）课程建设不是整齐化，而是层次化。并不是所有的完满教育活动和产品都适合课程建设，很难整齐划一，而是分层次、分类别地对其加以梳理，实现各美其美、美美与共的目的。具体来讲，音乐节、戏剧节、运动会以及省级、国家级赛会组织等"高山"，应从体系规范的角度加以建设；书院项目、常态化互动等"流水"，应从内容饱满的角度加以建设（图2）。

2. 完满教育课程化建设应遵寻三个层次。

（1）产品体系的规范化。进一步建构和优化完满教育的产品体系，包括活动体系、项目体系、平台体系和工作体系，精准开发和设计不同学生层次、不同年级特点的产品。

（2）产品内容的饱满化。实现活动、项目和平台等各项内容的饱满，增加活动过程的互动性、反馈性、育人性，避免为了活动而活动，为了课程而课程。

（3）产品效果的评估化。能有效实现完满教育活动结束之后的客观评估与评价，持续构建以学生、教师、专家、校友、家长及社会等不同视角的多元评价体系。

完满教育课程化建设是一项十分复杂和漫长的工作，需要所有参与者、工作人员和引导者全过程、全方位地投入，同时也需要建立在相对完整的活动体系和平台的基础上。因此，"活动课程化"建设重在规范、建在秩序、改在环节、革在观念和认识，大致可以分为活动目录梳理和编制、活动说明书撰写、活动组织和实施、活动总结与反馈、活动创新与实践等环节，这些环节又是循环的、开放的"生态圈"。

第四节　学生活动的组织与实施

　　学生活动的组织和实施是一项系统、全员、长期的过程，需要教育者与学生、学校与学生全面地参与和互动，学生活动的良好运行需要学校在学分、政策、经费、平台、资源、人力、氛围、机制等方面全方位支持和保障。本节侧重讨论学生活动的团队保障、氛围营造、基层活力、质量建设、实施过程及有关注意事项。

　　在关注学生活动组织和实施要素的过程中，我们应放弃传统育人实践中学校组织、教师包办的观点，让学生成为活动策划、组织和参与的主角，可以尝试以项目制、承包制等形式让学生团队全权主导，实现由"教师主导"向"学生主导"的转变，从"活动组织"到"组织活动"的转变。

4.1　团队保障

　　学生活动的组织是一个具体项目的落地，是"无中生有"，团队保障是关键和基础。学校应建立相应的协调、保障组织，充分发挥共青团、学生会、学生社团等群团组织、学生组织的支撑作用，依托共青团、学生会和学生社团的特点和优势承担大量的学生活动策划和组织。除此以外，还应成立艺术、体育、书院以及创新育人平台等相应的工作团队，从专业的角度统筹、支持对应类别的学生活动开展。

　　对学生活动组织和保障团队的管理和培育应不同于学校的其他教师团队，从选人、用人、育人、留人等各个环节都应尊重学生活动工作团队的差异、特征、规律和状态，建立一套科学、合理并且实用的管理体系和考核评价体系。要让这个团队成为学校工作过程创新、管理体系创新、育人成果创新的重要推动力量，进而助推学生活动围绕"以学生充分全面成长为中心"的办学价值观形成体系、全面实施、凝练成果。

　　要大力支持共青团、学生会、学生社团、各类专项团队等群团组织、学生组织的健全和发展。一是共青团组织的发育和健全，结合团的工作的要求，发挥共青团组织的优势和特点，为学生活动开展夯实基础、保驾护航、提供支持；二是充分发挥学生会来源学生、代表学生、服务学生的优势，从学生的角度，推动学生活动组织的自发、自然、自觉；三是大力支持学生社团发展，学生社团是校园文化建设的具体载体和单元，也是学生活动开展的基础和保障，应在经费、政策和机制上给予学生社团全方面的支持，力争让每一个学生在大学期间都能至少加入一个学生社团，找到除了班级以外的第二个团队；四是帮助各类运动队、志愿者服务队、各类艺术团队、书院项目工坊团队等专项团队的发展，发挥艺术、体育、书院等专项教师团队的作用，加强指导和培养，让各类专项团队在学生活动开展的过程中发挥重要功能和作用。

4.2 氛围营造

学生活动的特点决定了需要加强氛围营造和宣传推广，以带动、辐射、引领更多的受教育者关注和参与。学生活动的氛围营造要充分借助新媒体、互联网等工具，结合青年人的特点和需求，有针对性地推进。此外，在"互联网+教育"的新传播生态下，着力探索校园媒体的全新表达方式，强化校园媒体的创新、融合与信息化建设，充分利用网络新闻、广播电视、网络电台、海报橱窗、报纸杂志、微信微博、H5 设计等多种宣传载体，全力打造"有态度、有深度、有温度、有维度"的四维媒体平台，呈现出"能量聚起来、上下动起来、工作活起来"的宣传效果和氛围营造目的。

学生活动理念的直接传递和解读也十分关键，可充分发挥辅导员、班主任、学生干部、学生骨干、优秀学子、典型人物和团队，甚至是专业老师的作用，通过主题班会、主题日活动、报告会、专题讲座等各种途径以会议、沙龙、讨论、互动等形式广泛传递以学生为中心的、与课堂教学同等重要的学生活动理念，以获得更多的关注、支持和参与。

4.3 基层活力

基层活力是学生活动开展的重要前提和条件，只有专业班级、学生社团、学生宿舍等各类基层组织活力提升了，自发、自觉、自然并且良性竞争的氛围才能实现。

在讨论学生活动基层组织活力提升时，我们不得不重视辅导员、班主任的作用发挥，辅导员和班主任是与学生接触最多的工作团队人员，他们有着天然的传播、组织和号召优势。要持续突出辅导员在学生活动组织过程中的主体地位，发挥辅导员功能，为基层活力提升提供基础。一是强化辅导员观念建设，重视其在学生活动指导、人格培养、习惯养成、陪伴守望过程中的功能发挥，倡导辅导员以"学生活动"为载体，与学生一同构建"绿色、信任、和谐"的师生关系；二是积极发挥辅导员在班级建设、学生团队培育、活动组织策划和指导过程中的引导作用，并强化有关方面的考核与激励；三是可尝试以辅导员队伍为依托，建立"学生活动工作坊"，吸纳辅导员积极参与有关学生活动的专项工作、专项研究等；四是学校有关学生活动工作团队要建立与辅导员对话、沟通的机制，帮助辅导员成长，让这个团队主动支持、参与和推动学生活动的建设工作。

重视基层专业班级在学生活动中的基础地位，激发组织活力，为基层活力提升提供可能。一是可以鼓励以专业班级为单位开展全员参与的形式多样、质量内涵突出的班级活动，这些活动还要结合主题团日活动、班级建设的具体要求；二是要创造条件支持各班级、团支部参与省级、国家级有关活动和赛事，可以提高专业班级及其成员的自信心、凝聚力和向心力；三是从学校层面可以开发、整合和培育以班级为单位参与的校级活动，并同步推动"班级品牌活动"创建工作。

学生社团在学生活动中具有关键地位，应大力整合社团资源，为基层活力提升提供动力。一是应按照"质量优先、数量并重"的原则，积极新增（重组、合并）学生社团，扩大社团的数量和规模，力争让每一个学生都能至少加入一个学生社团；二是可以推出有关社团的扶持计划，比如重点帮助社长成长和改变，再让社长带动社团的发展；三是充分发挥校内有关部门、机构的优势，让这些部门、机构发挥主观能动性，分类指导、挂靠和管理学生社团；四是要大力支持学生社团申办、发起、承办校际、省级有关活动，一方面可以提高社团的自信心和影响力，另一方面也可以带动和影响其他学生社团发展。

学生宿舍在学生活动中也占有重要地位，可以创新发展思路，为基层活力提升提供支持。一是高度重视宿舍区的楼长、层长和舍长队伍建设，加强相关培训和理念传递，特别是不能忽视舍长的功能和作用，这个角色可能是大学里最小的"干部"，但在团结学校里最小的单元"宿舍"的功能上具有不可替代的作用；二是鼓励宿舍文化建设，比如宿舍DIY装扮大赛、宿舍文化展示、宿舍征文等；三是加强宿舍所在的社区建设，围绕"家"和"家文化"培育社区文化、社区精神，进而组织社区活动，带动学生参与形式多项的学生活动。

泰山科技学院多年的实践，在为学生建立完满教育高质量成长供给生态过程中，形成了"1+6"基层活力提升目标，主要包括：重点提升基层组织活力，实现基层单位活动质量优、团队运行活、文化建设强的良好状态；提升体系循环活力，实现活动体系持续优化、运行过程自我纠偏的状态；提升内容生产活力，实现活动内容鲜活生动、举办形式内涵丰富的状态；提升书院运行活力，实现书院空间人气集聚、书院活动流水浸润的状态；提升资源整合活力，实现内外联动协同增值、对外展示有序提升的状态；提升理念营销活力，实现平台建设矩阵集群、内容产出贴近学生的状态；提升团队成长活力，实现队伍建设引领成长、师生互动自我赋能的状态。

4.4　质量建设

社团质量是学生活动帮助学生浸润、成长和改变的重要保障，否则就可能让学生活动变得"自娱自乐"。而"有意义、有意思"是学生活动质量建设的基本原则。

学生活动的组织和开展实际上也是一份"良心工程"，比如组织者可以用一个月的时间准备一场主题演讲比赛，把演讲比赛的各项流程和环节精确到秒，也可以花两天的时间准备一场主题演讲比赛，粗略的设计和组织；同样的，可以给一场主题演讲比赛设计10个流程，也可以给一场演讲比赛设计两个流程。因此，学生活动的组织还应回归到本真，回归到教育的本来，本着为受教育者服务，帮助他们获得、成长和改变的初衷，实事求是地、有针对性地策划、组织和推进各类学生活动。

因此，从指导老师到策划者，从组织者到工作人员，都应在学生活动的策划、准备、实施和总结过程中严把方向、主题、内容、环节、流程、主持词、场地布置等具体细节，从小处着手、从细处下功夫，精准到"嘉宾席上的矿泉水商标都保持整齐"，这样才能有可能保证学生活动的质量建设。

还应充分认识到，在大多数情况下，学生活动的价值并不限于活动本身，例如"歌曲合唱比赛"的多次彩排的目的，不是培养参与者的歌唱技能，而是为了发展参与者的协同精神。"越野长跑"等竞技体育的价值可能并不在于锻炼参与者的体魄，而是为了培育学生挑战困难、敢于坚持的勇气。所以，活动的设计和实施者要充分理解和诠释"功夫在诗外"的意义，在任何活动策划和组织过程中都要充分尊重 16 个"可能"：独立自主的可能、创新创意的可能、团队协作的可能、情感交流的可能、相互帮助的可能、组织领导的可能、服务他人和关爱他人的可能、接触优秀成年人和朋辈者的可能、感受社会支持的可能、观察学习的可能、发挥主观能动性的可能、自我角色认知的可能。

在管理和保障体系方面，也应加强学生活动的质量标准建立，质量评价体系构建和质量评价工作，并实时公布和通报，及时反馈与交流，让活动的组织者、参与者、观摩者都参与到活动质量提升工作中来。

4.5　实施过程及注意事项

4.5.1　在具体工作上，内容要"有料"

在实际工作中坚持全面具体覆盖、特色重点突出、分级分类呈现、调研与分析并举、项目与成果凸显，做到三点"并重"：一是活动数量与质量并重，只有大量的学生活动才能使学生在不同的场合、不同的角色中凝练自我、成长自我；二是内涵与内容并重，不是为了活动而活动，而是在设计和组织的前期都要思考活动的意义和价值，不符合学生需求、不符合学校特点、不符合主流价值观的活动应排除在学生活动体系之外，更多地注重活动的内涵、内容、价值与意义；三是传统与创新并重，传统的共青团活动、校园文化活动中值得深化、发展和延续的活动平台应继续保持并加强，彰显时代特点、符合新时期青年大学生成长成才的活动应持续补充和培育，兼容并包、传统与创新融合，特色鲜明。

在实际运行中，要想内容更"有料"，需要"既做加法又做减法"的思考，需要"自下而上的反馈，自上而下的发动"，让工作调研"苦心"，让工作环节"周折"，才能使活动设计更任"性"。

4.5.2　在实际工作里，路径要"有形"

学生活动的运行可能存在资源缺乏、底子薄弱等情况，要想做好工作，需要不断地进行资源整合、平台搭建、队伍建设等具体工作。根据工作目标、资源配置、思想引领等特点，让具体的工作路径更"有型"。

一是工作目标要"有形"。学生活动的目标是明确的，就是依托学生提供常态化和全面化的各种平台和实践体验机会，是培养、训练、养成，是经常、习惯、要求，更是机制、平台和氛围。当然，这些实践平台、路径和经历，也让青年学生培育和践行的社会主义核心价值观更生动、鲜活和具体。

二是工作内容要"有形"。社团活动、志愿服务、艺术实践、竞技体育、书院社区是学生活动的主要内容，这几乎是传统高校共青团工作内容，以及书院制改革高校的覆盖、延伸。每个方向和模块要有形式、有载体和有内容，不能空洞、乏味。

三是工作资源要"有形"。学生活动的持续推进，需要"有型"的、"有个性"的资源匹配，比如平台资源、教师资源、社会资源、媒体资源、场地资源等，当然也有自身的资源整合，比如制度资源、榜样资源等。

四是工作机构要"有形"。组织机构是推进具体工作向前发展的基础保障，要在组织机构上苦下功夫，构建项目化、扁平化、制度化的工作机制，争取投入、获得人力资源支持、进行组织结构设计。

4.5.3 在改革实践中，探索要"有方"

从理念设计、制度安排、方案落地和具体实施都伴随着改革、创新的色彩，所以整个过程要"有方"。一是以团中央、教育部的政策要求为遵循，尊重学生主体地位、突出重点聚焦的问题，坚持服务青年学生的工作生命线，让学生成为各类学生活动和工作的主角，问需问策问计效于学生；二是与素质教育的内在逻辑相吻合，主张"课堂无处不在"的理念，推动"第二课堂成绩单"制度建设，借助新媒体和网络大数据技术，每月汇总、每学期公示，加强有关数据的分析和运用，全方位、全过程记录、跟踪和认证青年学生的"学生活动"实践活动中的浸润、成长和改变；三是与立德树人和思政教育的要求契合，让学生在活动的过程中实现思政教育的目的，避免"上下一般粗"和枯燥的"理论学习""读读报纸""写写心得"等流于形式的过程；四是与学生实际特点契合，结合不同年级、不同层次的学生特点，侧重于学生的获得、改变和成长，将学生的获得、改变和成长作为推进学生活动的出发点和落脚点。

第五节 学生活动的学分认证

为进一步落实学校人才培养方案要求，强化学生活动的育人功效，学校建立完满教育"积分换学分"政策。学生活动学分的设置在于起到"胡萝卜+大棒"的政策，一方面吸引学生积极主动参与学生活动，另一方面也是督促和引导学生参与学生活动。但是在学生活动的组织过程中，不能唯学分，应提升活动本身的内涵、意义和价值以吸引学生参加。

学分的设置，应坚持几个原则：一是适量性，不能设置太多，也不能设置太少，这要根据学校总体人才培养理念和环境而定，一般情况下占学生总学分（必修学分）数的3%～5%即可；二是对等性，学生活动的学分在质量上要与课堂教学的学分对等，在评价、衡量学生学习过程和结果的效力上是对等的；三是及时性，学生参加完一次学生活动后，就好比结束了一门课堂学习的课程，应该及时认证和兑现；四是合理性，学生活动的学分在认证的标准和过程上要合理，要综合考虑校级活动、院系活动、书院活动、社团活动、班级活动等不同层次、不同类别活动的学分认证标准，做得合理、合情；五是便捷性，这里的便捷应该包括学生活动积分转换学分的形式、过程的简洁和便捷，比如充分运用新媒体互动、手机定位、二维码扫描等方式让学生便捷、简单地完成学分认证的过程；六是有效性，要让学生活动的学分有效、有用，不能花了大量的工作精力进行设计、实施后，这个学分无效，要让学生活动的学分充分运用在受教育者的奖勤助贷、毕业条件、评优评奖中。

表1　　　　　　　　泰山科技学院完满教育积分及成绩认定标准表

计分类别		分值	审核单位
	组织者	3分/次	学院
班级	参加者	2分/次	
	观摩者	1分/次	
	组织者	4分/次	书院
书院级	参加者	3分/次	
	观摩者	1分/次	
学院级	组织者	4分/次	学院
	参加者	3分/次	
	观摩者	1分/次	
	组织者	5分/次	团委、艺术教育中心、竞技体育中心、书院部等
校级/区县市级	参加者	4分/次	
	观摩者	2分/次	
	组织者	10分/次	
省级及以上	参加者	8分/次	
	观摩者	4分/次	

注：表格最左侧一列为"实践计分"（跨所有行）。

续表

计分类别			分值	审核单位
获奖计分	书院级	一等奖	4分/项	书院
		二等奖	3分/项	
		三等奖	2分/项	
		优秀奖（其他奖项）	1分/项	
	学院级	一等奖	4分/项	学院
		二等奖	3分/项	
		三等奖	2分/项	
		优秀奖（其他奖项）	1分/项	
	校级/区县级	一等奖	8分/项	团委、艺术教育中心、竞技体育中心、书院部等
		二等奖	7分/项	
		三等奖	6分/项	
		优秀奖（其他奖项）	5分/项	
获奖计分	市级	一等奖	12分/项	团委、艺术教育中心、竞技体育中心、书院部等
		二等奖	11分/项	
		三等奖	10分/项	
		优秀奖（其他奖项）	9分/项	
	省级	一等奖	16分/项	
		二等奖	15分/项	
		三等奖	14分/项	
		优秀奖（其他奖项）	13分/项	
	国家级及以上	一等奖	20分/项	
		二等奖	19分/项	
		三等奖	18分/项	
		优秀奖（其他团队奖项）	17分/项	

第六节 学生活动的总结、调研和评估

学生活动的反馈评估和学生活动的策划组织同样重要，就好比课堂教学过程后的测验与评估一样。这种反馈与评估能更好地把握学生活动的意义、价值和功能，传递学生活动的需求和导向，进而推动学生活动的总结互动、学生活动的学分认证、学生活动的调研评估等具体工作的开展。

6.1 学生活动的总结

学生活动的开展，是一项既简单又复杂的工作，一般情况下的学生活动结束后，颁完奖、照完相可能就结束了，但是为了"以学生为中心"，传递更多的价值、意义和功能，应加强学生活动结束后的总结。根据实践情况看，学生活动的总结，包括现场总结和书面总结等方式。

6.1.1 现场总结

一场活动结束后，不管活动规模大小、准备时间长短、现场氛围浓淡、参与者反响强弱，作为组织者、策划者等群体都有"尘埃落定后的疲惫与淡然"感，大家心里或多都想尽快完成善后工作（包括场地收拾、物资归位、道具整理等等）后休息。但为了活动本身和组织者、策划者本身，现场总结还是十分必要的。

现场总结的一般要求是当活动结束后，第一时间不是收拾场地等善后工作，而是所有组织者、策划者、工作人员等聚在一起，从活动的优点、缺点等各个维度全方位地进行总结和互动，比如从干事开始，到部长，到主席，到指导老师等每人总结活动的三个优点和三个缺点。这样，本场活动值得肯定的、需要改进的，在活动结束后的第一时间就呈现了出来，好的下次要坚持和发扬，不好的地方下次要改进和完善，久而久之，团队执行学生活动的能力就可不断得到提升。

学生活动的现场总结，指导老师和学生干部很关键，要起好引导、带头的作用，一个团队经历了一场共同的任务之后，此时的现场总结会也是凝聚团队力量、凝练团队文化的最好契机。学生活动结束后的现场总结是为学生负责的角度展开的，具有业务提升、团队建设等多方面的功能。

6.1.2 书面总结

书面总结和现场总结相比，略有不同，可能是在活动结束后的若干工作日内，由参与者、组织者、指导者或活动组织单位等不同的角度，以书面的形式对学生活动的总结、梳理和评估。书面总结也是很有必要的，可以较为系统、全面和客观地总结一场学生活动后的得与失，起到经验交流、理念传递、互动借鉴的作用。

值得一提的是以书面形式的活动总结，应该拒绝冗长、烦琐的形式，拒绝"正确而无用"的话语，从实用、简洁、清晰的角度谈清楚活动的优点、不足和有关启示即可。"文风代表作风"，学生活动的组织者应该要有这样的文风，才能组织和策划好有重点内容和实质的高质量学生活动。

6.2 学生活动的调研

学生活动的设计和运行要尊重学生的想法，关注学生的需求，助力学生的目标。因此，调研工作就显得十分有必要了。调研工作应关注学生活动的设计、环节、内容、过程、福利等具体内容，并建立科学和及时的反馈机制。

学生活动的对象是学生，所以以学生为对象的工作调研本身就是学生活动组织和设计工作的重要组成部分，小到一个活动在学生群体中的反响，大到全学年学生活动菜单的酝酿、设计和决策，都应该有调研的过程。

在调研的方法上，在座谈会、意见收集会、访谈沙龙、信箱设置的基础上，还应充分研究和思考学生的兴趣、习惯和特点，运用微博、微信等互联网和新媒体等辅助甚至作为主阵地开展工作。全方位、全过程地收集学生意见和建议，不断促进相应工作改善。学校还探索实施"完满观察团"专项工作，组织师生代表深入各级各类学生活动现场，以"第三只眼"的角色观察、记录、评价和讨论具体活动的组织，定期形成工作简报和资料，反馈给活动组织者，促进活动的设计和运行质量提升。

案例："学生活动调研"实施方案

学生活动的实施过程中不仅要注重"从上往下传递"，更需要做好"从下往上反馈"，学校建立了畅通的学生活动信息调研反馈渠道，搭建了宣传与调研相结合、引导与服务相结合的学生活动调研机制，以贴近实际的方式互动调研，以简洁直观的视角呈现结果，注重将调研落到实处，形成有深度、有态度、有温度的系列调研报告，为学生活动的顶层设计、计划制定、政策改革提供重要依据。

在学生活动中，学生信息反馈具有前提性和先导性的作用，学校建立起包括走访宿舍、走进社区、家长互动、问卷调查、新媒体调研等多维信息反馈渠道，采取定期（每周一次线上调研、每月一次线下走访调研）与不定期相结合的方式开展调研工作，广泛收集学生对学生活动的意见和建议，开辟《视角》新闻专栏，将定期收集的调研信息梳理汇总，形成图文并茂的调研分析报告，分别在网站和微信公众平台进行推送，并制作成电子读物刊发。

　　为进一步将调研落到实处，学校于每年 12 月下旬组织开展"我最喜爱和我最不喜爱的学生活动"评选活动，通过网络问卷调查，全校师生积极参与，评选出"我最喜爱和我最不喜爱的学生活动"奖项，增加了学生对学校学生活动的满意度的调研，切实推动活动由单纯数量向多元质量的转变，活动由教师主导向学生主导的转变。

6.3　学生活动的评估

　　作为教育行为和过程，学生活动的育人效果是缓慢、渐进、模糊和长期的，也是超越物质，直抵精神层面的浸润，需要耐心地等待、呵护和守望。但这并不代表不对学生活动的育人效果进行评估和研判。

　　在实施学生活动效果评估前，我们应进一步厘清学生活动"生态圈"，这个"生态圈"应该是创新、绿色、循环、开放、可持续的，这个"生态圈"强调每一个人的主体性，关注每一个人的能动性，力求每一个人的"能力培养"和"价值塑造"，主张每一个人都"认识全面的自己，做好当下的自己，实现可能的自己"，人人平等、人人陪伴、人人守望，最终成为"完整的人"。

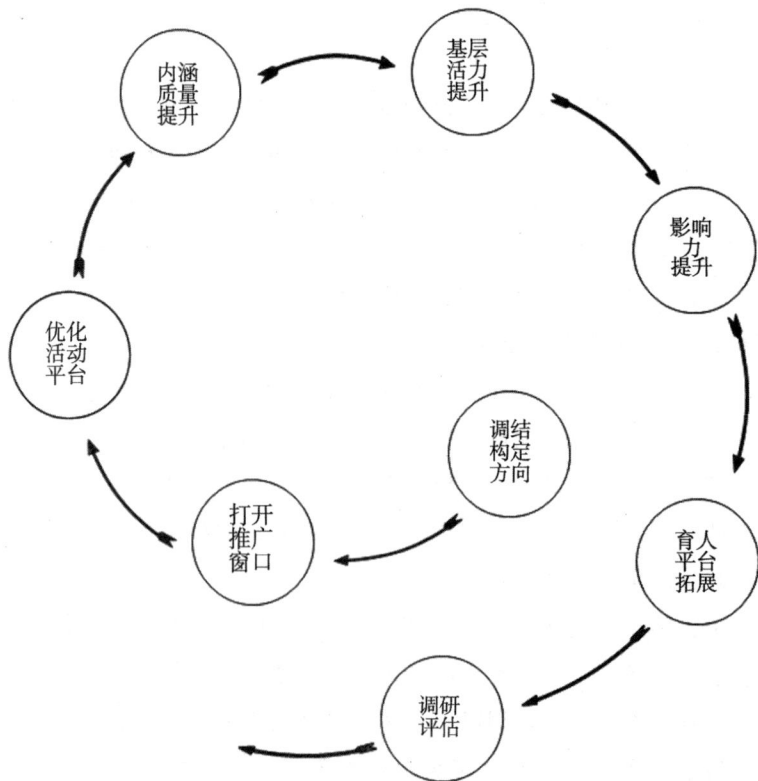

图 3　学生活动生态圈循环图

调结构定方向：力求"务实有效、稳步有序"，梳理育人体系、培育活动项目、理顺工作关系。

打开推广窗口：主张"故事为纲、情怀至上"，搭建宣传平台、建立推广体系、内外宣协同创新。

优化活动平台：倡导"项目发力、质量为准"，推动分级分类、推出质量评价、推陈活动精品。

内涵发展质量建设：突出以"活动质量"为核心，重质量、重品牌、重内涵，迈出"极致化"道路第一步。

基层组织活力提升：关注基层系（院）、专业班级、学生社团、学生宿舍等基层组织的活力提升工作，配套推进有关活动平台。

校内外影响力提升：全力引进校外高水准活动平台，全力扩充外宣渠道平台，全力加强校内外培训平台。

学生活动育人拓展：探索扩充完满教育育人平台的内涵和外延，全力推进书院制建设，进一步构建全天候、全过程、全方位服务学生体系。

精准评估全面反馈：构建常态化精准调研机制，全面反馈、吸取意见建议，推进"生态圈"健康、可持续循环。

由此可见，学生活动效果的评估是学生活动"生态圈"的关键环节，它关系着下一轮学生活动的策划、设计和组织的循环。但是，由于学生活动本身的特点和特征，目前国内外还没有一套相对完整的、科学的"学生活动效果评估量表"，一是学生活动不比课堂教学系统、配套和成型；二是每一所学校对于学生活动的认识、定义和赋予的期望、使命不尽相同。

作为学生活动的组织者，应把这项工作重视起来，要时刻正视工作的"客户"，通过校友会、毕业生联盟、大数据分析公司等建立持续、系统和长期的学生活动效果评估机制，通过长期的、大量的信息反馈和数据对比。

第二章　学生活动设计指南

第一节　学科学业类学生活动类型指南

概　述

学科学业类活动主要是以专业相融合的全国、省市级比赛中的校内选拔赛、"完满+专业"学科知识竞赛以及"书院+专业"项目工坊或工作室。主要典型的案例有全国类竞赛 ACM-ICPC 国际大学生程序设计竞赛、大学生数学建模竞赛、全国大学生电子设计竞赛、"外研社杯"全国大学生英语系列竞赛、"蓝桥杯"全国软件和信息技术专业人才大赛、中国"互联网+"大学生创新创业大赛、全国大学生机器人大赛等，各二级学院知识竞赛（如通信工程学院"畅翼杯"电子电路设计挑战赛、淬炼商学院"淬炼益选"青年电商节、智能工程学院'智慧虫儿'三栖智能机器人挑战赛）。

学科学业类活动应从学科领域或兴趣爱好中选择和确立主题，在活动开展中紧密联系学院特色、学生专业、学科知识，创设类似于学术研究的情境，学生通过动手做、做中学主动地发现问题，通过实验、操作、调查、收集与处理信息、表达与交流等探索活动，获得知识、培养能力、发展情感与态度，特别是发展探索精神与创新能力。学科学业类活动倡导学生的主动参与，同时也是一种"以活促赛、以赛促学、以学促行"的学习探索过程。

案例 1：通信工程学院"畅翼杯"电子电路设计挑战赛

（案例编写：李海川）

1. 活动总述

"畅翼杯"电子电路设计挑战赛，是面向通信工程学院电子信息工程专业本科生的竞赛活动，目的在于提高学生集成电路设计和仿真能力，提高相关专业学生创新能力和实践能力，通过成立专项小组、专业教师指导、活动赛事安排，加强大学生的工程实践训练，促进学生掌握集成电路设计中的关键技术和知识。

2. 活动指南

2.1　主题动议

主题的选材尽量与学院学科特色相匹配，符合学院活动体系架构，活动名称可以"××杯"×××大赛/挑战赛/竞赛进行命名，包含开幕式、学科知识讲座、知识答题竞赛、魔幻电路设计、智能寻迹小车、闭幕式、成果展等多项子活动。融入创新理念、凝聚学院文化、潜心内涵建设，同时用好学科竞赛这一育人载体，形成学院一年一届的大型品牌赛事活动，推动学科竞赛在宣传、组织、培训等方面的体系化、系统化、成果化。

2.2　时间、空间

活动的各项子活动赛事时间安排需要紧凑有序，可持续 1~2 周时间，时间过短则参赛学生准备的参赛项目不充分，时间过长容易使活动过于冗杂，参赛学生思想懈怠，忽视赛程的重要安排。活动场地的选择根据活动赛程的安排，例如开幕式、闭幕式尽可能选择剧场、书院庭院、大型会议室、学术报告厅等场所，实践操作活动选择在具有焊接工具、操作台以及安全防护措施的实训楼教室，其他的讲座以及知识竞赛等活动，可以选择书院活动室、图书馆，充分利用学校的场域空间。

2.3　现场布置

活动的现场布置尽量形成一致色调，彩色横幅、指示牌、大型喷绘、道旗、队伍风采展示、项目简介，营造出科技创新、前沿科技、专业领域的学术氛围。另外活动现场的座位布置，可以用彩色标签或座位号区别划分为观众席、参赛席、评委席以及嘉宾席等，便于活动开场前有序落座。

2.4　程序议程

程序设计上主要有开赛仪式、知识讲座、知识竞赛、项目策划、实践焊接、现场答辩、成果展示、评委点评、领导讲话、颁奖仪式等，为了更好地呈现活动的精彩瞬间，可以通过视频展示各队伍的项目实施过程、成品 3D 解说以及现场科技氛围的布置、渲染与融入。

2.5　主体感知

在主体感知方面要更加注重参赛学生的参与价值、收获体验、团队合作、专业指导、知识拓展以及创新意识。因此，应在赛事活动前期进行各支报名队伍的文化设计，如队伍服装、队伍宣传海报，加强团队氛围营造、打造特色队伍风采；其次，"一对一"专业指导，即一个专项队伍配备一个专业指导老师，对项目申报和实践操作过程中给予一定的建议；另外进行"变相错位"的奖励机制，根据学生入围的项目，除了设置等级奖项，还要包含"最佳创意奖""最佳潜力奖"等。

2.6 内容生产

赛事活动的设计环节要注重学生的团队之间协作、沟通、表达、组织能力，在设计电子电路的过程中让参赛选手广交好友、热烈讨论，树立团队的岗位职责、分工明确意识。内容设计要具有一定的学术性与实践性，内容的输出在知识前瞻方面培养学生探究、研讨、创新、认知等能力。

2.7 联动融合

赛事开展前期根据流程安排，邀请校内外可以联动融合的资源，例如泰安地区的"中国电信""中国移动"等通讯营业部门，不仅能够提供一定的技术和专业支持的同时，也可以通过相应的途径扩大赛事的品牌影响力；校内相匹配、相类似的其他院系专业如机械设计制造及其自动化、机械电子工程、计算机科学与技术等，学生交叉组队、各取所长；在电子电路活动设计过程中要积极联动教学老师，对活动知识竞赛和现场答辩以及队伍指导提供支持，加强二级学院一体化建设。

2.8 宣传推广

提前制订活动赛事的秩序册，包括所有活动流程、参与对象、参赛选手与指导教师信息、入围项目、评分标准、并向参赛选手开展专项赛事发布会，解读活动具体安排。做好赛事前期宣传推文以及往届学生的设计成品展示，制订一体化周边奖品（双肩包、U 盘、订书机、充电宝等）。在各个活动环节中，做好视频以及照片的现场采集工作，主要展现出参赛选手设计电子电路实践操作环节的近距离镜头，同时视频剪辑要详略得当，突出重点赛事环节，以便用于下一届大赛的前期宣传。

2.9 总结提升

（1）在每一次子活动结束后，指导老师和活动组织者进行复盘，主要包含两个方面。一是查漏补缺，尤其针对活动环节的衔接、幕后工作的分工、活动现场的反馈等方面总结不足和值得借鉴的地方。

（2）另一方面，对下一场次的子活动做进一步的细化分工和呈现要求，赛事闭幕全面梳理并呈现子活动的学生得分、设计作品、现场素材等所有内容。

2.10 反馈评价

参赛学生的切身感受是对活动赛事评价互动、找寻不足、创新改进最有说服力的方式方法，通过提交问卷调查、心得体会，以及获奖学生专项采访的形式获取学生对于活动质量的反馈评价。

2.11 防坑提示

（1）完成整体方案并不意味着所有的流程都已尘埃落定。赛事活动开展前期一定要和教学老师充分地沟通与协调，包括赛事设置、具体项目、活动时间、场地选项、物资采购、奖项设置、方案流程等，尤其是设计专业方面更需要教学老师的协助与统筹。

（2）参赛选手组建队伍完成报名和项目书设计并不意味着活动结束。活动设计有多项子活动，在开幕式环节一定要通过赛事解读、印制赛事秩序册、教师宣讲等方式让学生了解赛程安排。

（3）赛事闭幕式结束后并不意味着所有工作进入收尾阶段。各支队伍参赛过程中的设计成果，如电子沙漏、电子收音机、智能寻迹小车等作品再展示，可放置到学院宣传栏、书院项目工坊中陈列，继续发挥赛事的余热作用带动更多学生参与其中。

3. 活动执行思维导图及解读

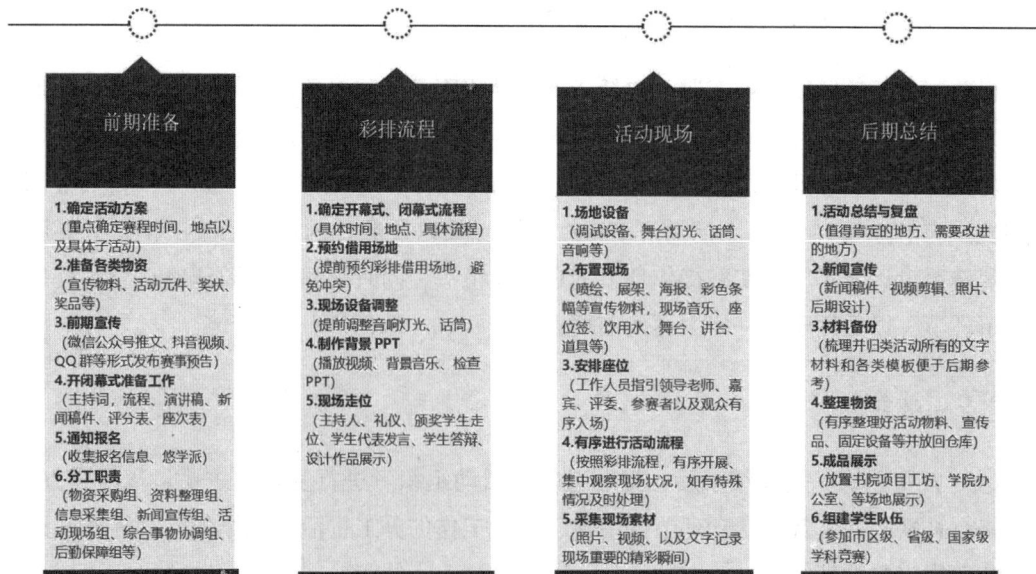

前期准备

1.确定活动方案
（重点确定赛程时间、地点以及具体子活动）
2.准备各类物资
（宣传物料、活动元件、奖状、奖品等）
3.前期宣传
（微信公众号推文、抖音视频、QQ群等形式发布赛事预告）
4.开闭幕式准备工作
（主持词、流程、演讲稿、新闻稿件、评分表、座次表）
5.通知报名
（收集报名信息、怂学派）
6.分工职责
（物资采购组、资料整理组、信息采集组、新闻宣传组、活动现场组、综合事物协调组、后勤保障组等）

彩排流程

1.确定开幕式、闭幕式流程
（具体时间、地点、具体流程）
2.预约借用场地
（提前预约彩排借用场地，避免冲突）
3.现场设备调整
（提前调整音响灯光、话筒）
4.制作背景PPT
（播放视频、背景音乐、检查PPT）
5.现场走位
（主持人、礼仪、颁奖学生走位，学生代表发言、学生答辩、设计作品展示）

活动现场

1.场地设备
（调试设备、舞台灯光、话筒、音响等）
2.布置现场
（喷绘、展架、海报、彩色条幅等宣传物料、现场音乐、座位签、饮用水、舞台、讲台、道具等）
3.安排座位
（工作人员指引领导老师、嘉宾、评委、参赛者以及观众有序入场）
4.有序进行活动流程
（按照彩排流程，有序开展、集中观察现场状况，如有特殊情况及时处理）
5.采集现场素材
（照片、视频、以及文字记录现场重要的精彩瞬间）

后期总结

1.活动总结与复盘
（值得肯定的地方、需要改进的地方）
2.新闻宣传
（新闻稿件、视频剪辑、照片、后期设计）
3.材料备份
（梳理并归类活动所有的文字材料和各类模板便于后期参考）
4.整理物资
（有序整理好活动物料、宣传品、固定设备等并放回仓库）
5.成品展示
（放置书院项目工坊、学院办公室、等场地展示）
6.组建学生队伍
（参加市区级、省级、国家级学科竞赛）

下面为执行流程解读。

3.1　前期准备有心有意

在设计活动方案和准备物资时，要多与教学老师沟通，确保活动各环节能够顺利开展。由于参赛项目较多，不仅要安排好组织者的分工问题，更要召开赛事发布会以便有序开展各项子活动。

3.2　彩排流程有条有理

开闭幕式的彩排要紧盯现场流程，查漏补缺。现场要有指导老师跟随，提出一定的优化建议，确保活动现场的整体效果和流程顺利。

3.3　活动现场有声有色

现场工作人员要对接好各个流程，如果遇到现场特殊情况，要随机应变及时处理，保障现场氛围不尴尬、不冷场。

3.4　后期总结有始有终

活动结束后，现场组织所有学生干部进行总结复盘，指导老师要指出活动中值得肯定的地方以及需要改进的地方，最后做好后期的视频以及文字图片宣传。

4. 经验提炼

4.1　要立足于专业，聚焦学生学科能力与素质养成

针对学院学科类知识竞赛，充分发挥特色专业优势，与全国类赛事项目相对称，例如通信工程学院"畅翼杯"电子电路设计挑战赛对应的全国大学生电子电路设计大赛，进一步发挥"以赛促学"的作用与优势，进而提前组建学生团，选拔重点项目，持续跟进指导。

4.2　加强教师指导，提升学生学术探究与创新意识

根据往届举办的电子电路设计挑战赛的各类子活动提交作品、试卷以及策划项目，有实践操作不娴熟、专业知识理解不透彻、项目设计不够优化以及团队探索意识不足等情况。在此过程中专业指导教师要对学生团队各类活动项目提供一定的指导与支持，引导并

帮助学生培养掌握科学的学术研究方法，使学生能够在教师的指导下开展并完成创新设计作品与项目。

4.3　落实奖励机制，激发学生兴趣爱好与参与热情

针对电子电路设计挑战赛的具体活动，存在低年级学生专业知识不够扎实，高年级学生参与积极性不高的情况。为了提升学生参与积极性要落实奖励机制，如凡是参赛者都将有机会领取赛事周边礼品、获得奖项学生团队将获得一定的奖金、从参赛选手中选取遴选表现较为突出的榜样学生进行宣传等形式，提升广大学生的参赛热情。

4.4　丰富活动流程，注重学生完满活力与实践体验

学科类竞赛活动普遍存在基础课程与专业课程知识结构单一的特点，可采用竞赛活动与实验课程紧密结合、相互渗透。例如电子电路设计挑战赛中让同学们设计"蓝牙音响""交通信号灯""防盗报警装置"等，开展开闭幕式，通过设计形式多样的、具有较强操作性的、注重仪式的，既可以利用竞赛互动运用相关学科知识，又可以通过完满教育中的场景等优质资源开展竞赛活动，避免了刻板单一、枯燥乏味的活动流程。

活动精彩瞬间 1

活动精彩瞬间 2

案例2：建筑工程学院"遮风挡雨筑梦家"建筑模型设计活动

（案例编写：达世安）

1. 活动总述

文创工作室项目由建筑工程学院创办，从学院学生各自擅长的领域出发，将建筑技术与美学进行完美结合，创造独具特色的文创品牌，后期与东岳书院共同合作，实现项目工坊挂牌落地。依托建筑工程学院在 CAD 制图、建筑模型设计、结构力学等方面的专业知识，将学院的特色融入产品当中。同时，通过建筑工程学院专业课老师的指导，将落地产品与专业特色有机结合，进一步推进"完满+书院+专业"的现实融合。

2. 活动指南

2.1 主题动议

此类依托书院场地，通过"完满+专业"的角度出发，活动更多应该从实现学生第二课堂、搭建专业实践平台的角度出发，思考设计。旨在着力解决目前大学生除毕业实习以外，专业知识与实践二次融入机会匮乏的难题。依托书院阵地，以当下流行的文创产品（不同专业应当根据不同的流行趋势，特色相关即可）作为现实体现，突显刻板的理论知识下建工专业的生动性、具体性。此项活动的落地过程中，会出现因专业知识及各项实操技能掌握能力不足导致的活动最终呈现效果不佳的情况，如建工学院新生不能很好地掌握 CAD、建模软件，大数据学院新生不能很好地掌握编程一样，组建队伍时应当着重考虑专业技能掌握方面的梯队划分（要有人熟练掌握，也要有源源不断的学习者参与其中）。

2.2 时间、空间

（1）在时间上，应当从两方面思考和安排，"专业+书院"的项目工坊运行模式应当以专业技能作为核心，以完满活动的多样性、丰富性作为展示平台。因此，应当注意在学生平时的学习生活中，要将平常的课余时间充分利用在项目工坊内与团队成员共同学习、与指导老师在项目工坊共同探讨上（此阶段的时间较为灵活，应注重图纸、模型的产出与尝试）。第二方面，应当像筹备大型完满活动一样，用每一个阶段对于建筑知识与建筑美学的认识作为灵感，开展线下活动，让每一个阶段对于专业知识的理解与感悟形成具象化的作品产出（此阶段的时间分配应当是较为集中的筹划活动）。

（2）在空间上，利用书院功能房间将每一个阶段的作品集中展示，在书院内部形成独具建筑风格的美学氛围。同时应当注意对于在功能房间中对于图纸的展示与对比，能更加清晰地在时间推进的过程中，感受到专业技能理解程度上的变化。同时，应当充分发挥学校建筑物的特点，在下沉式的图书馆、徽派风格的建筑群中开展作品、图纸等展示活动，让参与者能在优美的建筑物中欣赏建筑美学，切实提升场域在活动开展过程中的重要性。

2.3　现场布置

此类活动应当从场地选择以及物料准备两方面进行前期的现场布置。首先，该项活动需要较强的动手能力，要在书院空间中选择有较大的桌子的功能房间，用作学生们的动手工作台；其次，在展示图纸环节应当注意选取能够投影的场地，或使用移动电视进行讲解；最后，该项活动应准备的物料材质较多，应当特别注意，从制作模型的主体材料，再到动手制作的测量工具、裁剪工具等，要准备齐全。

2.4　程序议程

活动主要流程应设置时应当按照：设计灵感分享（建筑历史介绍等形式）、图纸介绍、绘制图纸的软件介绍、准备物料、制作环节、现场评选、颁奖等正常推进。如"遮风挡雨筑梦家"建筑模型设计活动进行时，除去要在前期做好现场以及物料的准备工作外，应着重把关图纸来源分享、绘图软件运用两个环节。最终的动手制作是为了提升学生体验，将图纸具体化的产出为作品模型，从而产生较好的参与感，反观于专业技能的学习掌握应当依靠图纸环节进一步压实。

2.5　主体感知

"遮风挡雨筑梦家"建筑模型设计活动旨在让学生进一步体会做建筑师的基础工作，每一张图纸都是慢慢磨出来的，每一处数据都是通过相关计算得到的，3~4小时的时间完成样品，带给学生真实的专业体验。依托书院项目工坊空间，让参与的学生切实体会作为一名建筑人的实际感受，应注意以下几点：

（1）应注重嘉宾老师的选择，着重压实现场老师点评提问环节的互动性，让学生能在现场产生对专业方面的思考，切实增强学生体验感。

（2）此外，作为书院项目工坊，开展的活动还应该注意到书院的观摩学生群体的感受，活动开展后期还应当注意对于美学方面的思考，让更多非专业的学生通过开展的活动体会建筑的魅力，从而提升活动现场所有人员的体验感。

（3）对于建筑专业的历史故事的内容应当补充在活动的内容当中，增加学生对于建筑发展历史的了解和感知，保证学生在活动现场不仅能动手做建筑，还能用耳听建筑，切实增强学生主体感知。

2.6 内容生产

为加强同学们的动手能力、促进艺术设计和建筑工程的融合，利用空间知识拓展专业兴趣，赋予平面设计以空间生命力，让纸上建筑，落地成"家"。此活动不仅让每一位参加者切实体会到专业知识的灵活运用，也提高了同学们的动手操作能力，使团队精神得到弘扬。在内容生产方面要注意以下三个方面：

（1）学生专业图纸的专业把控，在"遮风挡雨筑梦家"建筑物模型设计活动过程中，每一张图纸都是学生通过专业软件，通过设计与修改完成的作品。因此，应当注重活动前期对于图纸质量的把控，在活动前期让学生更多地学习掌握专业知识。

（2）现场制作模型的严格要求，在现场学生手工制作模型的过程中，应严格把控模型产出的质量，材料的裁剪、材料的选择等环节应当提升质量，以保证最终呈现的模型质量。

（3）应当对于建筑模型制作活动中的建筑故事有要求，应明确活动的主题，讲好建筑故事，做好建筑知识普及。

2.7 视觉传达

（1）"遮风挡雨筑梦家"建筑模型设计活动，应当根据建筑特色突出模型，在色彩和造型上的选择，突出建筑物作品的和谐搭配。

（2）在活动结束后期，一定注意对于图纸和建筑物模型的保存，在活动进行期数增加后，结合书院情况集中展演，以各式各类的建筑物展示增强视觉效果。

2.8 宣传推广

应从项目建设、活动开展、价值引领等方向做好宣传推广：

（1）前期对塑·文创工作室的品牌项目建设进行预热，宣传，与专业课教师建立有效连接，将专业知识融入活动主题，注重作品的专业文化及内涵价值宣传。配合文创周边产品吸引更多学生加入专业相关的建筑设计活动。

（2）对活动开展中形成的作品进行宣传推广，营造参与氛围，通过工作室门口的电子海报、户外喷绘增加活动的吸引力。在产品制作过程中以视频形式全方位多角度地记录产品落地过程，通过抖音、微信公众号进行活动视频宣传，同时配合校外媒介及学校青春泰山、完满焦点等媒体平台发布活动新闻稿。

（3）在价值引领中体现活动意义，将学生在系列活动中的感悟及成长过程编写成册。

梳理与专业相关的知识，制作"与文创共成长"的个人档案，将学生理论与实践相结合的作品展示在文创工作室中，定期举办优秀"陈列作品"展，让更多学生了解系列活动，感受专业知识的魅力，增强专业学习的兴趣。

2.9 总结提升

（1）总结：在各项子活动结束后，应及时召开总结会议，侧重点应该在活动环节的衔接、作品的设计思路以及最终的模型呈现，与专业老师和活动指导老师进行交流，进一步优化专业和完满活动中的问题。

（2）提升：同学们根据专业所学，结合建筑物的不同，大到包括区域规划、城市规划、景观设计等等综合的环境设计构筑、社区形成前的相关营造过程，小到室内的家具、小物件等的制作。设计并制作艺术空间建筑，以团队合作的方式开展专业实践活动，利用空间知识拓展专业兴趣，构思设计理念，赋予空间生命力，给作品带来更丰富的外形变化与空间变化。

2.10 反馈评价

在活动开展的过程中，持续建立书院、学院、学生三级反馈机制。首先，主要从书院角度反馈完满活动举办的效果、体验等信息；其次，要从学院专业课教师方面对学生活动举办过程中专业知识以及软件的运用分析反馈；最后，从学生角度的反馈中要着重提取关于成长、能力提升等方面的感受，进行总结分析。

2.11 防坑提示

（1）活动现场布置完毕不代表着此类活动能顺利举办。"完满+专业"类型的活动在准备过程当中，一定要注意活动准备产品的前期设计是否合格，没有完备的设计图纸，活动举办的流畅性和呈现就会大打折扣。

（2）模型的顺利产出不代表着活动的真正结束。在活动的举办过程中，首先要协调好专业指导教师的指导点评环节。同时从活动角度出发，丰富内容展示、奖项设置等环节，兼顾专业和活动现场的体验，才能进一步提升活动影响力。

（3）活动的顺利举办不代表着活动意义的完整表达。本活动依托书院阵地，建立项目工坊，通过完满活动平台展示专业的魅力，主要目的在于指导学生最终能有较好的成果产出，比如建筑工程学院的 BIM 大赛，要以培养越来越多的参赛选手为目的，因此，系列活动只是出发，要不断深挖，有更好的学科竞赛成果产出。

3. 活动执行思维导图

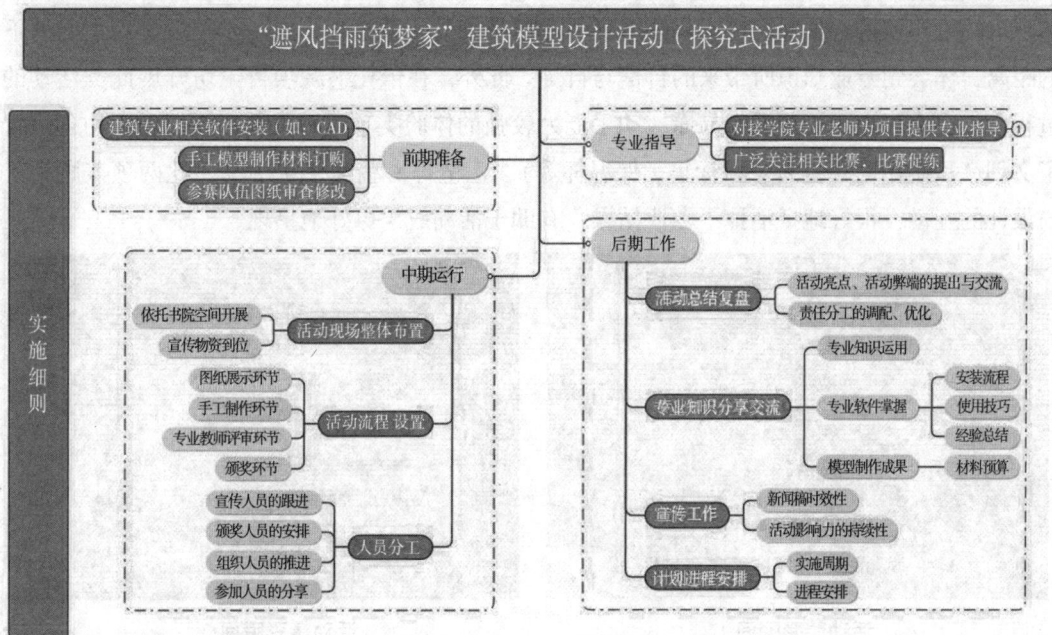

4. 经验提炼

4.1 专业储备作导向，教会学生新知识

学科学业类互动的目标导向应当是进一步地让专业与完满充分融合，所以在此类活动的开展过程中务必重视学生的专业知识储备，在活动开展的整个过程中专业知识的不断掌握和储备，既是活动目的，又是活动顺利开展的保障。

4.2 完满活动做依托，充实活动新内核

作为完满教育活动中专业与完满相互融合后产生的活动，学科学业类活动在举办过程中具有较为强烈的专业色彩，具有活动本身的专属 IP，但从活动的内容和立意方面考虑，确实存在一定的局限意味，但以此活动为例，组织者在筹备开展此项活动的过程中一定不能忽视观摩者对于该活动的感受。应当从建筑模型制作的手工环节，以及后期建筑物审美方面回应完满主题，丰富活动育人的主体功效，从而焕新此活动的内核，进一步提升学生的收获感、体验感。

4.3 书院场地作阵地，彰显项目新风采

让专业走出课堂，走进学生互动生活的书院，本来就是学科学业类活动在开展过程中能体现出的别样风采。学生们在书院体验到由专业带来的实践过程，进一步拉近了课上与课下的距离，体会到专业知识所带来的自信与自足。此外，在依托书院项目工坊开展此类活动的过程中，也应当加入一些通俗易懂、动手能力较强的体验类项目。目前，该项目工坊还设置了文创产品制作（手提袋、鼠标垫、保温杯等）、毛毡等一些类手工活动。此两项兼顾手工与设计的互动，很好地抵消掉了专业枯燥，有助于活动成果更好地呈现。

活动精彩瞬间 1

活动精彩瞬间 2

案例3：智能工程学院妙趣"虫"生创客AI机器人仿生设计活动

（案例编写：杨金宝）

1. 活动总述

妙趣"虫"生创客AI机器人仿生设计活动是智能工程学院根据学院学科特色，根据全国大学生机械创新大赛（仿生赛道）赛事规则及安排设计举办。主要依托学院机器人机械基础与机构学、机器人机械基础与机构学课程设计、机器人视觉与检测技术等特色专业举办的旨在提高学生动手操作能力、科技创新能力和团队合作精神的精品活动；通过成立活动专项小组，搭建师生交流平台，充分发挥学科知识竞赛的领地作用，从而促进学院实践教学改革，为学院特色学科建设选拔人才。

2. 活动指南

2.1 主题动议

应通过妙趣"虫"生创客AI机器人仿生设计活动培养学生的团队合作精神，锻炼学生实操能力，增加师生之间学科知识的交流互动，充实课堂教学。形成品牌立项特色活动，如智能工程学院妙趣"虫"生创客AI机器人仿生设计活动，一方面推动学院学科竞赛体系化、规范化，另一方面也为学院选拔优秀学生队伍，搭建学科竞赛教学平台起到一定的促进作用。

2.2 时间空间

妙趣"虫"生创客AI机器人仿生设计活动通常需要两周左右的周期，以确保学生沉浸式、全方位参与；要根据学生的课程进度、学科知识掌握程度，提前一个月左右筹备相关工作，确保活动参与的广度、深度以及活动质量。

为确保参赛过程的安全性，以及活动过程中完成配件组装所使用的工具，最好选择具有安全防护措施以及操作台的实验室或实训中心等室内空间进行。

2.3 现场布置

在校园主干道设立活动宣传展架、悬挂彩色条幅；在教学区、宿舍楼放置海报；可选择带有速度感的深蓝色或带有警惕感的亮黄色为主色调，通过宣传手册的制作、活动现场的布置、参赛队伍服装的精心设计等制造出统一、规范的活动氛围。

2.4 程序议程

赛事流程主要包括知识讲座、妙趣"虫"生创客 AI 机器人仿生设计活动两项内容；活动开始前，通过播放全国机器人仿生大赛相关视频，让同学们更加直观地了解仿生机器人的实操过程，观看参赛队伍的前期准备工作日常、前往校内机器人工作室参观机器人产品等，紧扣活动主题，打造机器人仿生活动科技文化月。

2.5 主体感知

本活动要从师生之间的互动交流、参赛队伍的团队精神上关照主体感知，细节上如参赛队伍统一的队服、现场工作人员统一工作证、评委老师们特制的席位签等，给观众一种仪式感；要通过生动有趣的开场介绍、激烈紧张的竞赛现场、全程专业的教师指导、隆重的评奖颁奖仪式等，营造严肃又活泼、正规又有趣的整体感知。

2.6 内容生产

（1）活动开始，统一严谨、生动有趣的会场布置（包括活动横幅海报、现场主题背景设定等）；活动开展过程中，较高水平的参赛队伍、较高质量的参赛作品、公平公正又激烈的比赛过程记录；活动结束后，将新闻稿、照片、视频、参赛作品等整理归档，为下一届比赛提供参考。

（2）活动以设计最佳仿生昆虫为主要目标，整合各学科的知识与技能，结合学生已有的各方面知识，创建一个有意义的学习过程。学生通过教师指导、团队协作，激发创造力，提高实际操作能力。

2.7 视觉传达

（1）要选择统一色系，类别多样，多进行细节呈现。比如精心设计活动 logo、胸针、玩偶、一次性纸杯等宣传品，宣传手册、系列海报、ppt 背景图、参赛队服、展架、奖杯、证书、席位卡等色调与活动主题保持一致，以创设整齐划一、元素多样、细节突出、主题鲜明的活动现场效果。

（2）活动现场要给人一种有条不紊、参赛队伍成员之间配合默契、设计过程有趣可观赏的既视感。

2.8 宣传推广

（1）活动开始前通过学院官网、官微、抖音等平台宣传和线上氛围营造；比赛过程中，对活动做好视频、照片记录以及新闻推送报道，例如，参赛选手们认真刻苦的赛前准备、参赛过程中仿生机器人设计的精彩瞬间、参赛最后领奖的荣耀时刻等，都要做好文字和图像记录，形成一套特色活动宣传模板。

（2）活动开展期间，官网、官微、抖音上的新闻推送要紧扣赛事主题，在新闻标题、内容呈现上要前后呼应，确保时效性、可读性和趣味性，充分展现活动亮点。

2.9 总结提升

活动结束后活动组织者和指导老师务必带领参赛队伍进行赛事复盘。首先是活动过程的整体回顾，组织者要带领工作人员对活动的效果进行反思和讨论，包括活动的亮点和成功之处、活动过程中遇到的突发状况等，形成修正意见稿，为下一次活动做参考；其次是指导老师带领参赛队伍进行赛事复盘，对比赛过程中取得的成果给予表扬，对出现的技术性问题、存在的不足等反思总结，做到一年更比一年好。

2.10 反馈评价

要收集各个层面参与者的客观评价从而进一步提高活动质量。包括活动嘉宾、指导老师、参赛选手、现场观众等，通过发放线上满意度调查问卷的形式，收集大家对活动的评价以及建议，并第一时间进行汇总整理，形成书面材料，为今后办活动提供参考。

2.11 防坑提示

（1）切忌活动办完并不意味着"万事大吉"，而是要与教学老师沟通，将活动中突显出的精英队伍进行跟进和重点培养，为学院学科知识竞赛储备人才。

（2）切忌活动过程中完全由参赛者"闭门造车"，参赛者整个活动过程一定要有专业老师的指导及反馈，以防比赛时出现"卡壳"或操作故障，影响活动的正常进行以及现场效果的展现。

（3）切忌活动效果只顾"表面呈现"，学科学业类活动重在挖掘参赛学生的项目成果，通过完满活动提供平台，进一步提升学生参与活动的积极性，营造团结、创新、合作、探究的学术研究氛围。

3. 活动执行思维导图及解读

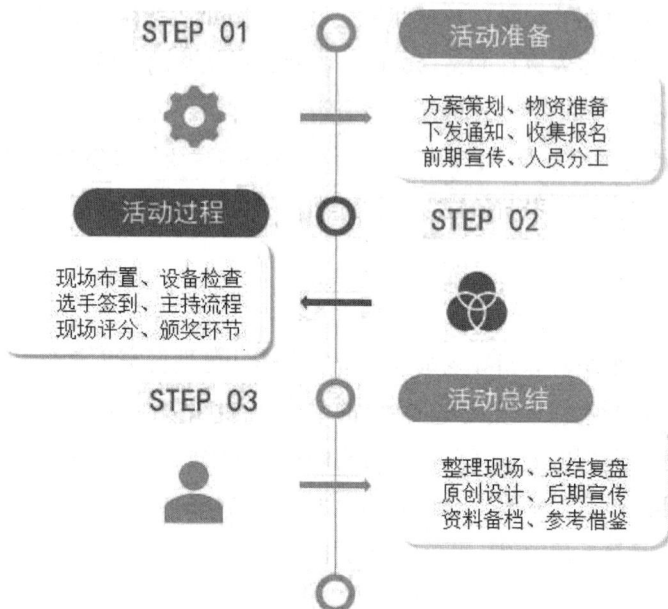

下面为执行流程解读。

活动流程共分为活动准备、活动过程、活动总结三个环节。

（1）活动准备要充分详尽：务必要规划前置，提前写好项目计划书，留出充分的时间进行宣传品的设计以及物料的购买；提前确定大赛的嘉宾、主持人，并将活动详细的人员分工；前期官网、官微宣传造势；彩排是关键，特别彩排过程中人员的入场顺序、活动过程的模拟演练、主持词的修正等；同时根据可能出现的突发事件设置机动人员。

（2）活动过程要流畅顺利：活动现场要提前做好一切准备工作，确保顺利开场（嘉宾入席、参赛者、观众有序入场）；工作人员做好现场秩序维护；宣传组提前到场架设摄像机、找好最佳拍摄位置；机动组成员随时待命，如若出现突发状况马上处理；活动结束第一时间进行宣传报道（校内、校外）。

（3）活动总结要聚焦问题、反思提高：活动结束后要及时工作复盘，对活动效果进行评估，例如活动影响力、活动成果产出、活动过程中出现的问题等，及时做工作总结和反思，同时工作材料（活动照片、新闻稿、视频材料、参赛成果等）归档留存，为后期活动提供参考。

4. 经验提炼

4.1 以提升专业竞赛水平为目的，提升学生专业认知水准

充分发挥专业竞赛的育人价值，培育以赛促学、以赛促练、以赛促创的育人共识，将机器人仿生设计活动作为培养学生实践能力、创新能力、团队合作能力的重要途径，通过举办该活动，提高同学们对专业课程的理解，将专业知识与实践活动相结合，提升学生专业认知能力和水平。

4.2 以创新学术合作探究为目标，组建知识竞赛专业队伍

做好大赛指导团队的组建工作，采用举办兴趣小组、普及讲座、开设公选课等形式帮助学生对仿生机器人设计有一个大致了解。举办赛前培训（包括熟悉零件、场地实操等），让学生得到充分的赛前准备，确保参赛选手质量。通过比赛逐渐选出优秀专业人才，组建学院专业知识竞赛队伍。

4.3 以融合双院建设发展为路径，打造学院特色项目活动

充分利用好学院、书院两大平台，发挥好书院作为"第二课堂"的平台作用，将课堂教学与书院实践相结合，为学生打造实操基地以及技能特长展示的舞台，挖掘书院的应用价值，让书院详细完整地记录和展示学生专业活动轨迹，为学生绘制能力画像，促进双院融合发展；将仿生机器人设计活动形成学院特色项目，每年定期开展，打造学科特色，形成学院品牌活动。

活动精彩瞬间 1

活动精彩瞬间 2

第二节 基层自主类学生活动类型指南

概 述

　　基层自主类活动多为基层自发式的活动，常见活动类型有班团活动、社团展演、服务队志愿服务活动的开展等。主要案例代表：完满团支部活动、完满团支部展演评比、学生自发性社团活动、志愿服务队开展的一系列志愿活动等。

　　基层自主类活动源于支持性的环境和指导老师的支持性引导，目的在于激发学生们自主探究意识和活动组织能力，需要做好活动前期筹备以及活动现场的细节处理，让学生们在感知获得中更加注重自我创新和自我展示，提升学生们的活动参与度。

案例 4："完满团支部"展演评比活动

（案例编写：宋宏越 吴钦鹏 金童欣）

1. 活动总述

　　完满团支部展演评比是为充分挖掘学校各基层团支部完满教育工作亮点，激发基层组织活力，广泛搭建完满教育育人平台，全面推广完满教育育人理念而组织的活动，活动经过团支部自主申报、材料审核通过后进入团支部展演环节，如何更好、更充分地激发班团组织活力，推动团支部工作再上新台阶，需要更全方位、深层次地钻研活动的整体开展。

2. 活动指南

2.1 主题动议

2.1.1 活动类型

完满团支部评选展演是以班级为单位进行开展的集体性活动，通过展演班级所有人所取得的成绩或者特色特长，进行班级文化建设的展示和输出。

2.1.2 活动意义

（1）通过完满团支部活动的评比展演活动，增强班级凝聚力和向心力。

（2）增加各团支部之间的竞争性。竞争使集体生活变得丰富多彩，培养竞争氛围，有利于激发奋发向上的精神。

（3）通过展演评比，各团支部之间相互欣赏借鉴各自的成果。

2.1.3 活动关键

评选材料的准备、展演现场的布置、展示素材的整理。

2.2 时间空间

（1）时间上，完满团支部的评选展演集中安排在每学年末，主要是汇总每学年各班的班级成绩、班级工作状态等。

（2）空间上，鉴于完满团支部展演面向的班级比较多，区域空间上的布置应该尽可能空旷，便于展演评比时物品的摆放。此外还应该考虑实际场地布置的局限性和可能性。可以考虑如下场地：书院草坪、书院中庭、运动场、图书馆北门台阶（临泉广场）、学校镜湖南侧东西道路等户外空间。通过户外空间区域的合理划分，给予班团更多展示的空间。

2.3 现场布置

2.3.1 统一物资

由学校团委牵头，根据展演区域布置发放统一的班级条幅或者班级展演海报，并配备统一桌椅，以保证活动现场的基础设施统一性。

2.3.2 自发展演

各班团根据展演场地自行安排，班内同学自发准备好各类展演物资，在氛围营造时尽可能全面地展示班团文化风貌。

2.3.3 班级建设展示

班级获奖证书展示牌、班级文化展示材料等。

2.3.4 现场氛围营造

（1）利用音乐播放设备，提前播放音乐营造氛围，并通过展演电视播放参选队伍班级风采短片、精彩瞬间视频。

（2）可以选择统一穿着班服，或者统一佩戴班级徽章、班级工作证等方式，营造整齐的班级风貌，提高班级凝聚力。

（3）根据时节、场地要求，合力选择使用横幅、展板、喷绘、易拉宝等宣传物品介绍展示参选队伍，做好听觉、视觉、感觉的全方位氛围营造。

2.4　程序议程

完满团支部评选展演除了开场布置、作品展演、现场打分等过程外，还可以通过班级的特色文艺汇演、视频或照片回忆录的形式来回顾完满团支部建设历程，并在网络平台上进行展演活动的分享。

2.5　主体感知

作为各学院基层班团积极参与的组织建设类评比展演活动，应充分在以下几个方面关注主体感知。

2.5.1　各参评班级同学的感知引导

通过班级奖项、才艺展示、氛围营造、电子屏等进行多角度的现场呈现，提升班级凝聚力和向心力。培养各团支部之间的竞争性，调动同学们的参与感与归属感，通过竞争才有更好的发展与进步。

2.5.2　现场观众的感知引导

通过班级之间各自的展演，提高基层团支部的文化建设，感召班级同学以饱满的热情、积极昂扬的态度参与到团支部的建设中来。

2.5.3　做好活动结束后整体感知复盘

2.6　内容生产

（1）展演开始前，完成喷绘布、各班级条幅的制作，现场主持稿、评分表的审核，并在开始前1~4小时内进行评比排练，确保正式评比时的流畅性和完整性。

（2）展演评比过程中，注意志愿者的工作安排，工作分配，在最可能出错的环节制作预备方案，确保提前做好现场各类应急预案。班级更多地展现专业特征，注重专业领域的展示，例如：数字媒体艺术专业注重绘画、设计作品、视觉传达等作品的展示；经管类专业的班级更多地展示比赛设计作品，在专业基础上突显班级自发性，给予其他班级良好的引导。

2.7 视觉传达

（1）在班级类活动视觉传达中，要突显出集体效果和班级文化价值，例如，海报和活动主题背景，要选择具有集体代表性的照片或者班级主打颜色；在做好主体设计的基础上，还要突显出个体的特性，例如展演过程中，有的班级会选择在大合照的四周粘贴班级每个人的人物肖像，做好共性与个性的有机统一。

（2）海报运用更多自主设计理念，侧重艺术表达，给人直观的感受，用艺术手法侧面表达活动主体以及传达真正意义上的思想和价值。

（3）宣传品的制作设计要突显主题，文化的宣传往往与文化创意产品的制作息息相关，宣传品的制作更是文化创意产品其中重要的一环，宣传品更是从表层意义上已经代表了这次活动的质量，所以宣传品的制作是活动关键的一环，一个好的宣传品既可以表达活动主题思想也可以增加同学对活动的兴趣。

（4）活动现场的布置要给人视觉上的"记忆点"，注重评委复盘整体打分时有打分记忆点。

2.8 宣传推广

2.8.1 新闻稿

在自发性班团活动设计中，学生最注重的就是获得感和认可感，不论展演的效果如何，必须做好每个班级的文化宣传，在新闻宣传过程中，注重每个参与评比班级的文化展示，以此激励参评班级不断进步，并积极引导未参评班级做好班级文化建设。

2.8.2 短视频

在尽量精简的镜头中体现丰富的个性化元素，注重封面和视频开端的吸引性，要注重突显视频的互动性特征。

2.9 总结提升

2.9.1 班级层面

完满团支部展演评比完成后，辅导员应第一时间召集学生团队进行现场总结复盘，针对展演过程中的班级优势和展演不足情况进行全盘梳理，班委成员做好相应记录并进行活动反思总结，整理成材料留存；展演完成后现场拍摄集体合照留存，作为班级建设的纪念。

2.9.2 组织层面

活动结束后，待各班级完成现场总结后召开复盘会，针对整个活动流程中的优势特点和失误点进行一一探讨总结，为下一期的活动开展做好相应准备。

2.10 反馈评价

赛后收集各展演评选班级的材料和现场方案、总结，进行汇总整理，为下一期活动的开展作为指南要点，并积极调研参加与参观等各角色学生的评价，从评价中得到对活动整体的总结启发，并以此延伸至其他以班级为单位参与的活动中。

2.11 防坑提示

（1）展演不是节目越多越好，应当从节目质量入手，能够体现出团支部风采风貌的才是评论活动质量的重要因素。在正式展演时，务必提醒表演人员严禁随意走动打闹、随意扭动等行为，避免给评委和观众留下不好的印象。

（2）展演不是展品越多越好，更应该关注需要表达的主体，表现出团支部本身风貌才是重中之重。切记展品台及展演位置附近不要随意堆放物品，确保纸箱、矿泉水等杂物收纳到展演区域以外。

（3）展演不是时间越长越好，提升节目效果及节目质量，紧紧抓住观众和评委的眼球，给评委留下深刻印象才能给人直观的感受。在展演过程中，要考虑现场氛围的营造，比如展演过程中的乐器独奏等环节，要做好气氛组人员的安排。

3. 活动执行图及解读

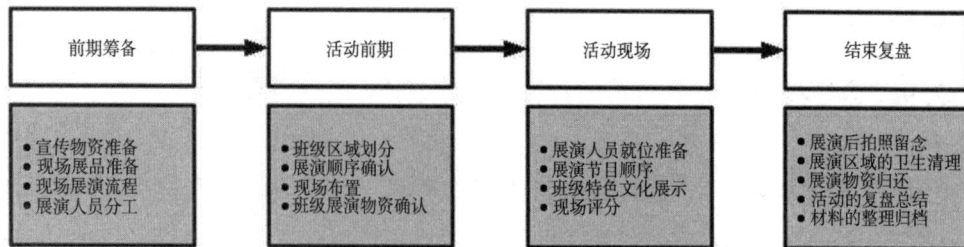

下面为执行流程解读。

活动共分为前期筹备、活动前期、活动现场和结束复盘四个环节。

3.1 前期筹备要沟通对接

在前期准备中要首先确定具体执行方案并及时全面地解读、安排各项分工，其次要做好前期沟通、收集类工作，针对展演班级召开准备会议，以保证各个环节的流畅性。

3.2 活动前期要预演彩排

活动彩排一般在当天进行，彩排过程要注意时间的安排，因为活动有比赛性质，班级可选择适当展演部分彩排内容。活动现场要有序可循。针对展演现场要做好应急预案，在突发情况中能做到及时且及时地沟通处理。

3.3 结束时复盘要深刻全面

活动结束后要及时做好现场工作总结，并尽快收集活动相关图文、视频资料。活动新闻需在 24 小时内发送青春泰山、学校官网等平台，宣传时也要注意主题的突出，以及新闻亮点的挖掘。

4. 经验提炼

4.1 积累素材，注重活动拓展

在日常班级文化建设中，注重完满团支部活动类型的拓展，确保活动涉及艺术实践、竞技体育、社团活动、志愿服务等各种类型；积极参加学校组织的各类大型赛事活动，在现有条件下积极探寻合作项目，做好校、院、班三级的联动融合，多组织开展各类班团活动，积累班级文化素材。

4.2 突出特色，提升专业素养

在活动开展过程中，注重班级特色的表现，比如艺术类专业可以注重光影、色彩的作品展示，工程类专业可以注重自动化、技术性的能力展示，在活动中体现专业特色，提升专业素养。

4.3 展示风采，创新互动形式

班级展演不仅局限在文字和图片形式的展示，加入班级合唱、介绍、舞蹈，以及视频展演等，积极创新展演形式，多方位彰显班团文化。

活动精彩瞬间 1

活动精彩瞬间 2

案例 5：志愿青春，自发聚汇——实践中诞生的"志愿服务队指南"

（案例编写：宋宏越 吴钦鹏 金童欣）

1. 活动总述

专项志愿服务队是由热爱志愿服务、积极投身志愿服务建设的在校注册大学生志愿者组成，以"奉献、友爱、互助、进步"的志愿服务精神为宗旨，通过全校青年志愿者主动报名、自由组队等方式从事社会公益服务活动，服务学校、服务社会。志愿服务队是学校志愿服务的重要载体，也是凝聚志愿服务星星之火的重要动力，如何让学生在参与志愿服务中体验助人为乐并成长自己的满足感与幸福感，爱上志愿服务，乐于参与志愿服务，需要全方位、深层次地钻研并做足准备。

2. 活动指南

2.1 主题动议

应该选择青春、热血、志愿、活跃的主题，比如"大手拉小手""助人与成长"等，从而彰显志愿服务的特色；也要结合社会热点、围绕学生自身成长与发展，符合学生的心理要求去设计、去思考，满足学生全面发展进步，总之志愿服务队应贯穿整个志愿服务活动，让学生乐在其中。

2.2 时间、空间

（1）在时间上，应当在每学年初开展志愿服务队的注册成立和换届纳新工作，通过举办志愿服务体验周，让学生线下体验各类型志愿活动，自主选择加入志愿服务队。志愿服务活动时间可充分利用周三、周五下午、周末以及寒暑假，还可选择与重大志愿服务节日相关的活动，突出主题元素，达到情绪共生。

（2）在空间上，选择社区、学校、医疗院等场所，尽可能走出学校，走进幼儿园、中小学和社区街道，突显学校特色和志愿服务受众互动。学校里可考虑书院草坪、体育公园、镜湖、明湖湖畔、运动场等户外空间。校外可以考虑走进周边学校等教育场所和社区街道、村委等居民聚集处，打破空间界限走进群众、走入生活，去呈现志愿服务队开展的特色志愿服务活动，进而发挥活动育人、志愿服务感人的效应。

2.3 现场准备

通过条幅、宣传单、易拉宝、红马甲等进行现场氛围营造。制作宣传海报，突出宣传主题，购买物资装饰营造主题气氛。比如"拥抱我——预防艾滋病"主题宣讲活动，可以向学生发放红丝带、胸针或手环，在重要节日举办活动与主题交相呼应。让学生在收到红丝带时想起这一节日以及节日背后所代表的意义。

2.4 程序议程

志愿服务除了在学校举办，还可以在疫情防控允许的情况下走进周边社区村委，向村民发放宣传手册，演绎防诈骗、疫情防控、经典剧目提高群众意识，通过举办知识竞答赢奖品等新颖的方式，让群众在潜移默化中学习到知识并积极参与志愿服务活动。

2.5 主体感知

各学院、各书院和各学生组织选拔组建志愿服务队，参与集体志愿服务活动，应充分在以下几个方面关照主题感知：

（1）各志愿服务队分模块开展志愿服务活动，有乡村振兴的专题，有关爱儿童的专题，有陪伴老人的专题等。

（2）各志愿服务代表队可通过宣传架、电子屏等设施媒介进行多角度辅助活动开展。

（3）带领志愿服务队队员以饱满的热情、积极向上昂扬的态度参与到志愿服务活动中。

（4）做好活动总结，及时复盘弥补不足，总结经验以备下次再用。

2.6 内容生产

（1）志愿服务活动推进过程中的细节管理，活动现场要充分把控全场，发挥灵活性，面对突发意外状况及时处理。

（2）活动内容充实丰富，形式新颖多样，比如录制美好祝愿寄语视频或采取志愿服务校园爱心接力等形式激发参与者活力。

（3）以创意表达和呈现的形式突出主题，围绕奉献、友爱、互助、进步的志愿服务精神，在志愿服务队开展志愿服务活动中不忘初心，牢记使命。例如在"拥抱我"的主题基础上呈现"可以给我一个拥抱吗""红丝带充满爱"等标示性宣传语，形成本次志愿服务活动的"创意文案"。

2.7 视觉传达

在活动视觉传达上，选择青春、热血、志愿、活跃的主题，确定活动现场宣传元素，以象征生命力的红色为主题色，进行场景的布置，形成现场视觉的艺术碰撞，从而呈现较为激情热烈的视觉效应。

2.8 宣传推广

（1）活动前应做好志愿服务队开展志愿服务活动的预热，突显服务主题，注重专项志愿服务队队员的风采展示。通过较为吸睛的方式进行线上线下双重宣传，也可通过书院电视、户外喷绘等具体形式。

（2）活动中在做好活动宣传造势的同时，过程中要注意资料照片视频的保存存档，以便后期复盘总结。还要注重感人的活动细节部分，例如拥抱瞬间、落泪时刻、共情时刻等画面。

（3）活动后要第一时间对各文字、图片、视频整理汇总，第一时间发布推送和新闻稿。新闻稿的题目也要充分结合主题元素、呈现活动亮点，例如"你愿意给我一个大大的拥抱吗"。稿件输出应在 24 小时完成并上传官网、各媒介发布等。

2.9 总结提升

志愿服务活动结束后应第一时间召集老师和学生团队进行现场总结复盘，每人说出一个优点和缺点，并及时记录整理下来。特别针对活动不足之处进行全盘梳理，追本溯源并整理成材料，进行留存；每次志愿服务活动结束后要记得拍一张大合照，记录学生组织的每一次成长的宝贵时刻。

2.10 反馈评价

活动后收集参加者以及志愿服务队员的评价，也可以在现场询问受益人的感受等，并进行汇总整理，从评价以及队伍成员的反思中得到对于活动整体的总结启发，以延伸至下次志愿服务工作中进行参考。

2.11 防坑提示

（1）不是红马甲数量多就 OK，而应是从服务队的总体风貌、主题新颖、情感传递、整体活动氛围等多方面综合考量。

（2）不是受众群体组织到位就 OK，更应关注受益人对活动流程的态度、互动回应程度和参与程度。

（3）不是走完活动流程就 OK，除了到场、开展活动、结束合影外，还可以设计更多惊喜体验环节，比如排练小品、嘉宾演出、彩蛋环节等。

其他防坑事项：进行社区等户外活动时，提醒志愿者严禁喧哗打闹，避免影响周边居民休息，不要给物业管理造成额外负担等；志愿者要做好实时健康监测，确保无感冒、发烧等症状，避免带病上岗；活动开展过程中为保证现场气氛可以考虑设置机动气氛组；注意参加人员对活动的反馈，确保活动物资到位并及时清理现场卫生。

3. 活动执行图及解读

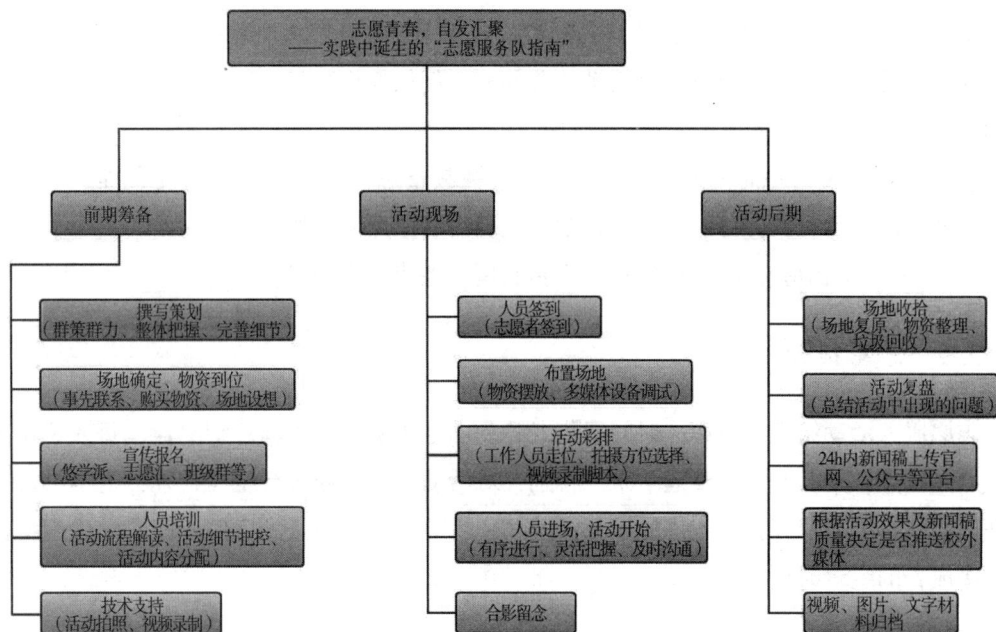

下面为执行流程解读。

3.1 前期筹备

志愿服务活动是在组织方组织下需各书院、学院学生参与的集体性活动，在前期筹备时，首先确定具体执行方案并及时全面地解读、细化任务分工；其次要做好前期沟通、收集类工作，最好提前与社区等进行沟通联系，以保证各个环节的流畅性（如有天气、场地等不确定因素，应做好 B 方案的制订工作）。此时应该完成活动的新闻通稿。

3.2　活动现场

到达活动场地，需注意人员交通安全；活动开始前要安排专人负责签到，对志愿者迟到、缺席、早退的情况做好详细记录，统一发放活动过程使用的道具、服饰标识等物品；安排专人负责跟踪记录活动过程，留存影像资料；若有突发情况，应及时通知活动负责人和现场老师，在不影响活动正常进行的前提下灵活处理。

3.3　活动后期

活动结束后要及时组织参与活动的志愿者合影，做好现场工作总结，并尽快收集活动相关图文、视频资料。活动新闻稿需在 24 小时内发送青春泰山、学校官网等平台，宣传时也要注意中心主题的突出以及新闻亮点的挖掘。

4. 经验提炼

4.1　精心谋划、全面启动，夯实基础建设

提早谋划，充分讨论，根据志愿服务方向特点和学生兴趣爱好，充分利用重阳节、端午节等有利时机，大力开展内容丰富、形式多样的志愿服务活动，努力拓展志愿服务的深度和广度，确保志愿服务活动经常化、制度化。通过组建多类别、多功能专项志愿服务队，开展多方位、多领域的大学生志愿服务活动，按照"客体有需求，主体有来源"的方针，针对不同受助群体的个性化需求，以志愿服务"一助一""一助多"形式，由青年志愿者对服务对象实施长期的、稳定的志愿服务。

4.2　创新模式、载体多样，展现青年作为

强化网络服务平台建设。通过积极运用网络媒体，不断加大志愿服务宣传力度，迅速跟进"一助一""一助多"帮扶情况，并及时解决在帮扶过程中出现的问题，使更多的青年志愿者参与其中，让帮扶工作做得更直接、更快速、更有效。

强化服务运行机制建设。建立督导机制，每季度末听取各书院、学院志愿服务活动的情况总结和计划安排，并定期参与和督导各书院、学院举办的大型志愿服务活动；建立良好的反馈机制，各书院、学院对开展的帮扶工作及时进行信息反馈，将好的经验和做法在网络上及时发布，以便大家学习交流；建立培训机制，定期组织技能提升培训活动，针对不同参与人员，确定不同授课内容，不断提高志愿服务水平。

4.3　内外联动、成果显著，强化阵地管理

坚持以"促进和谐、助力发展"为方向，围绕学校中心工作，不断强化阵地建设，建立以周边高校、中小学生、居民小区为主体的青年志愿服务基地。注重志愿者管理机构建设，通过建立青年志愿者服务站和服务小组，担负服务、教育、辐射三大功能，形成较为完善的基层志愿服务组织。在开展活动过程中，较好地发挥四个作用：一是围绕学校发展目标和重点工作开展志愿服务，发挥突击队作用；二是围绕"美丽泰安、和谐岱岳"广泛为军人家属、离退休老干部、伤病残弱势群体志愿服务，发挥疏导器作用；三是围绕重要纪念日、节日和重大事件开展志愿服务，发挥高校模范带头作用；四是围绕志愿服务文化开展各类志愿文化宣传活动，发挥理念传播作用。

4.4　结合实际、科学有效，建立激励机制

建立多层次、多形式的志愿者表彰奖励制度。建立表彰机制，在年末总结大会上对上一年度志愿服务活动中涌现出来的先进集体和个人进行表彰，并将其先进事迹通过网络媒体展播，不断扩大本校志愿服务活动的影响力。对志愿者贡献的嘉许不仅是证书、奖章等，也可以是一句诚恳的赞赏、一封温暖的感谢信。还可以将志愿者工作与年终考核评比、推优入党和推优上岗工作结合起来。

激励措施的形式多种多样，但始终要突出"关怀意识"——对志愿者的关怀。一份最具诚意的嘉许，坦诚地关心志愿者的需求，才是真正的嘉许，才是维系志愿者参与的重要原动力。

活动精彩瞬间 1

活动精彩瞬间 2

案例6："传统文化与当代国潮音乐的碰撞" 班级活动

（案例编写：宋宏越 吴钦鹏 金童欣）

1. 活动总述

中国传统文化源远流长，在岁月的长河中，有数不尽的文化瑰宝，其一便是诗歌，如《诗经》、宋代的乐府诗集等，为使更多大学生更加深入了解并学习中华传统文化，品味古代诗歌，感受中华传统文化的魅力，增加对古代诗歌与当代音乐的喜爱，提高文化素养，陶冶情操，强化音乐本身的艺术性与流行性，更好地增加大学生的文化自信，弘扬中国传统文化。

2. 活动指南

通过传统文化与音乐碰撞的融合为切入点，挖掘传统文化的现实价值，用音乐的方式让同学们迸发出更多的传统文化的互动与交流，通过美学的角度深入探讨二者融合的意义与价值。

2.1 主题动议

"传统文化与当代国潮音乐的碰撞"，强调传统文化对中国青年发展的意义与国潮音乐带给青年的归属感和文化自豪感。主题应贯穿始终，需要在活动环节设置，内容要求和评判标准中有所体现。以最大的包容度上下兼容，既有黄钟大吕般的庄严和谐，也有山歌村笛般的自由烂漫，既有传统文化的专业展示，也有声乐结合的生动演绎。

2.2 时间空间

（1）在时间上，给予学生充分的准备和了解适应过程，做到班委与学生之间的早沟通、早协商、早安排。提前了解学生的优秀才能，提前做好交流活动的具体内容，保证活动的顺利进行。在活动开始前让学生开始有针对性地尝试创作传统文化与音乐的融合，并以环节互动等方式激发起所有同学的参与感与互动感，本次活动不仅能提高学生的文化自信与文化归属感，更能鼓舞感染周边同学，形成正确的价值观传承优秀的传统文化，以音乐的形式让青少年更容易理解接受。

（2）在空间上，目前"传统文化与国潮音乐碰撞"以书院场域空间为主，以银河剧场为例，通过银河剧场多媒体互联设备等不仅可以增强活动的互动性和亲切感，更能让同学积极主动地参与到活动中，激发自身对传统文化的探索与交流互动。

2.3　现场布置

利用多媒体互联设备与投影仪、横幅等形式进行整体装饰布置，以环节互动的形式进行座位调整，圆形座位设计更能促进班级同学的交流互动，充分利用书院各类硬件场地和设施全方位支持，保障活动的顺利进行。提前设计，预想现场效果，将所需物资物料提前审批购置。

2.4　程序议程

"传统文化与当代国潮音乐"活动除了在自我展示、小组间的交流互动、组间互动等环节，还可以以"国朝音乐"的视频播放、通过诗词联想歌词的灵感发散展示等环节丰富整体活动架构，结合同学间的游戏比拼与传统文化储备知识积累等方式，对应"传统文化与当代国潮音乐"的活动主题。

2.5　主体感知

2.5.1　活动前期

作为班级活动，各班委应及时做好与同学的介绍与沟通，通过制作横幅、视频剪映播放、PPT制作播放等形式做好活动前的气氛营造，各班委要做好活动的宣传工作，增强同学的参与积极性，保障活动的正常举办。

2.5.2　活动中期

组织者与各班委要做好现场秩序的维持与现场的划分工作，通过国潮音乐播放等方式营造良好的活动氛围。程序环节之间的连接词需要连贯明确，确定每一名工作人员和参加者都了解活动进程，各司其职，让活动更加完整充实。

2.5.3　活动后期

班委与组织者之间及时复盘交流，让参与者业务能力得到充分重视，让参与者才能得到充分展示，肯定参加者的能力，强化参加者的荣誉感和体验感。

2.6　内容生产

内容生产要逻辑清晰完整，内容生产紧扣主题有创新：在活动的酝酿准备中，不是内容拼凑和堆砌，首先要有主题有逻辑，充分的以主题为引领，以传统文化为底色设计构建传统文化与国潮音乐的碰撞，以主题引领宣传风格，以主题引导活动环节的创意产出和主题升华。

2.7 视觉传达

视觉传达效果注重心理感受的传递和信息的感知，通过传统文化、音乐、思维迸发作为最基本的视觉传达元素及信号，讲究整体与统一，只有在活动前期准备时做好充分的准备和完善的设计，才能在最后做到最好的呈现。如横幅海报中普遍运用了幼圆体、娃娃体等字体展示青春与可爱气息，但活动 LED 屏幕中又使用了大量的黑体、宋体甚至手写体等常规正式或特殊字体营造意境，会使得受众在视觉上造成矛盾，产生抵触，最终造成视觉效果的混乱。

视觉传达的准确和完整，取决于活动细节的把握程度和视觉传达设计中是否有标准色及标准字体等应用。细节如国潮音乐的搜集播放、PPT 的设计、条幅与环节设置等。准确完整的视觉传达设计更好地将主题外化输出。

2.8 宣传推广

线上线下多重宣传：在活动开始前，班委组织班级同学积极响应，做好活动的宣传组织工作；做好宣传海报以及活动期间的环节设计，增强同学们参加积极性与活动期间的幸福感、受益感。

全过程多角度呈现：活动过程中，大胆设计拍摄风格和机位，注重精彩时刻的记录，摄影师分别对参与者的精彩瞬间、台下班级同学反应等多角度记录，留存大量影像资料，以备后期复盘及宣传等工作。

2.9 总结提升

活动结束后，班级要合影留念。通过此次活动不仅使班级同学更加深入了解并学习中华传统文化，品味古代诗歌，增加对古代诗歌与当代音乐的喜爱，提高文化素养，陶冶情操，同时也能增加班内同学的凝聚力。同时活动组织者应全盘梳理总结本次活动较其他同类型活动的创新点、突破点，重点总结本次活动的不足，不因功盖过，指出点明具体问题、原因及解决的方案思路。

2.10 反馈评价

需要多层次、多角度、全面地反馈，活动结束后，随机采访几位本次的活动参与者询问他们对本次活动的活动评价和建议，询问是否符合对此活动的预期，通过完满活动观察团观测，以公平客观的立场，阐述报告本次活动的亮点及不足，事后予以及时地优化。

2.11 防坑提示

2.11.1 学习体验大于竞技

本次活动虽然是一次竞赛类的活动，设置了排名。但是比赛并不是本次活动的主要目的，本次活动的目的和意义在于参与者更加深入了解并学习中华传统文化，品味古代诗歌，增强对古代诗歌与当代音乐的喜爱，提高文化素养，陶冶情操，更好地增强文化自信，弘扬中国传统文化。

2.11.2 *影响效果大于才能*

本次活动虽然需要参与者对诗歌以及音乐有一定的了解，但活动的初心和目的是通过国潮音乐激发同学们对传统文化以及诗歌的兴趣，号召大家更加热爱传统文化，从诗歌与当代国潮音乐获得乐趣，以此培养同学们的兴趣及激发同学们通过对传统文化和现代音乐的碰撞结合，发展兴趣爱好。

2.11.3 *工作责任细化，流程精准完备*

活动设置了听歌识曲、诗歌飞花令、国潮碰撞三个主题活动，内容饱满生动。在活动的环节转换时，活动组织人员反应不够迅速，道具准备不够充分、音频汇集杂乱将影响现场效果。因此，务必反复演练，分工明确，责任到人，精细分工，才能形成合力，加快工作推进力度，让活动完美呈现。

3. 活动执行图及解读

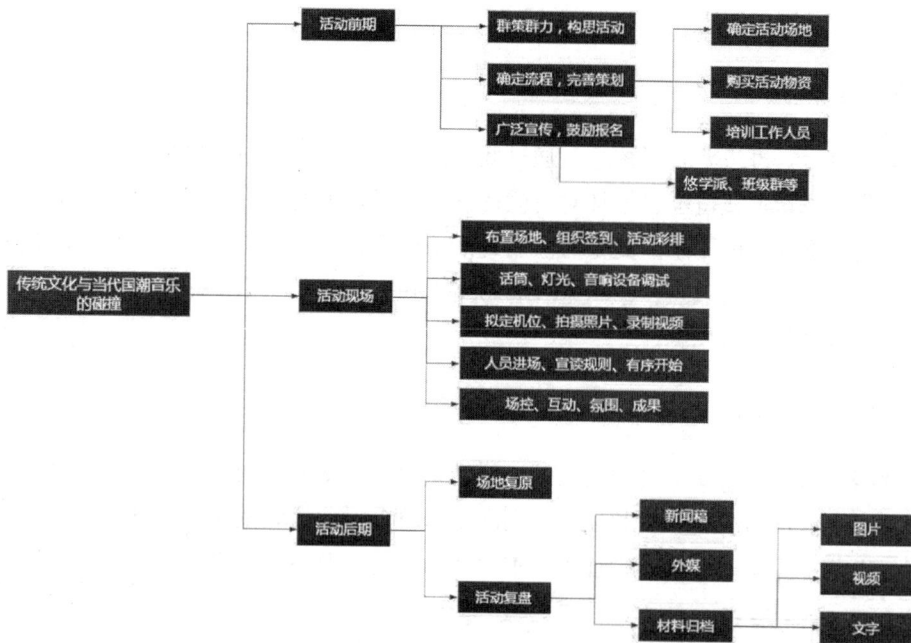

下面为执行流程解读。

3.1 高起点谋划，下好"先手棋"

在策划制订方案时，做到对整体活动流程心中有数，将工作前置，将细节完善，明确核心目标与对应的预算物料制作。将大致构思落到文案，明确工作职责，明确活动环节，各个组织者之间及时统筹协调，查缺补漏，做到防患未然。

3.2 高标准推进，落好"关键子"

方案推进过程严格要求，活动关键在于"活动感受"，在活动的各个环节，进行阶段性总结和优化，找出问题、克服问题，从多角色、多角度、多层次把握活动进程，重质保量完成任务。

3.3 高要求落实，走好"长远棋"

在赛前各环节，活动各个负责人应亲自把关，严格落实，对活动所需的诗词、诗歌、音频进行核查，确保活动前期材料零失误。活动开始前衡量推敲、验证落实；赛后及时总结复盘，形成新经验，集聚智慧，贡献方案。

4. 经验提炼

4.1 "十年树木，百年树人"，以人为本，重视培养

进一步推进传统文化的教育培养体系建设。遵循教育规律和美育规律，进一步实现参加者的思维发散，进一步推动传统文化的发展与继承。以流行音乐与中国传统文化的融合为切入点，挖掘传统文化的现实价值，促进当代大学生对传统文化的理解并加深感受。

4.2 "识时通变，别具匠心"，丰富内涵，重视内容

注重别具匠心的创新性思维，在传统文化的基础上进行音乐的交流融合，既能传承传统文化，又能培养学生的素养能力，同时培养思维发散与感知文化的能力；例如在"传统文化与当代国潮音乐的碰撞"活动中，通过自我展示环节的游戏环节进行大胆创新，促进学生的文化认同感与民族自豪感。

4.3 "弘奖风流，率马以骥"，加强激励，重视收获

传统文化与发扬创新是校园文化发展的重要路径。通过本次活动引领学生坚持正确导

向、发挥激励作用，在繁荣文艺创作生产、丰富社会文化生活、弘扬正确文化观念等方面，发挥了重要作用。激励了参加者对传统文化的热情，提高自身的文化素养与基本素养，激发了参加者对国潮文化的兴趣，促进同学们的成长与发展。

活动精彩瞬间 1

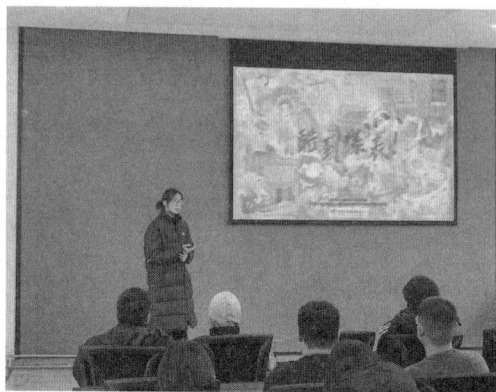

活动精彩瞬间 2

第三节　省级重点类学生活动类型指南

概　述

　　省级重点类活动主要指由高校牵头发起，相关高校积极响应，进而推广至全省在大学生群体间形成有效且友好的校际联动活动平台，助力学校大型赛事多元化发展。活动内设多层次环节，面向不同阶段参赛高校，依据某个主题，形成的多样化、多区域的活动形式。主要案例代表：泰山"青未了杯"大学生电子竞技大赛、泰山·大学生动漫展和泰山·中国大学生音乐制作大赛。

　　省级重点类活动以校际联动形式创设牵引发力点，由点至面提升活动品牌影响力，组织者在前期筹备阶段需评估好赛事活动的可操作性与可传承性，关注平衡好各高校的参与性，在保障主题新颖、接受度高的基础上突出本土特色，输出校园文化，在多频次的互动间打造校园活动品牌，实现校际联动共赢。

案例7：泰山"青未了杯"大学生电子竞技大赛
（案例编写：李玮华）

1. 活动概述

由学生社团自主发起，致力于搭建高规格大学生电竞品牌及全国性赛事平台。通过多个赛事环节比拼和设计大赛、解说大赛等多项子活动设置，丰富整个电竞大赛内容，完成品牌项目化建设，既能满足学生需求，又能提升学校影响力，同时促进了各高校间的竞技与交流。

2. 活动指南

2.1　主题确定

对于校际联动类赛事，主题要保持一致性、连贯性，做好传承；主题选择要关注当代潮流并契合年轻人想法、迎合年轻人喜爱，尽量去结合本土特色及学校元素，彰显青春活力，不仅有利于打响活动品牌，还能形成品牌效应。

2.2 时间、空间

（1）在时间上：要与国家大事（亚运会等）结合，且需考虑天气因素及筹备时间，一般在春季学期5、6月份举办为宜，由于要面对全国各高校群体且赛程较长，应选择学生都放假且较为充裕的时间，但要错开节假日，为确保赛程紧凑，要选择某一时间段内每周六、周日最为合适。

（2）在空间上：考虑较大的场所进行活动，如室外的操场，室内的环山剧院、青未了剧场等，通过大场所将电竞比赛辐射更多人群，在短时间内产生共鸣与影响。

2.3 场景搭建

2.3.1 现场布置

结合泰山、学校元素及活动特色进行场地布置，可通过制作泰山山脉 KT 板让各高校战队感受到在泰山脚下的电竞盛事，制作战队战旗、海报等宣传品等展示战队风采，现场灯光、灯带以红、蓝为主，烘托赛事竞技感、对抗感。

2.3.2 氛围营造

注重观众体验感，因此在观众席放置荧光棒、拍手器等增加互动性；所有的道具、视频、音乐、节目灯光都要与电竞相关，充分营造电竞氛围；另外要通过现场屏幕直播，与观众产生共情。

2.4 活动执行

2.4.1 细化分工

赛事类活动设计环节较多，包括开幕式、各阶段赛程、全国总决赛及闭幕式等，且要在同时段内进行，所以每个子活动都要有主要牵头部门去完成；而且在每一个具体阶段，又要进行细化分工，比如开幕式要有导演组、演员组、道具组、设备组等等。

2.4.2 组织培训

制定赛事执行手册，规定赛事组委会名单，明确职责，了解赛事基础规则，要定期对裁判、OB 队伍进行专业知识、突发情况、执行演练等各类培训，保证赛事赛程的专业性。

2.4.3 程序议程

紧扣篇章主题，以主持稿、视频、节目穿插的形式呈现，可以邀请电竞专业人士、有关协会领导、学校电竞爱好者分享，也可请各参赛战队进行风采展示，有动有静，有力有度，形成完整的活动流程。

2.4.4 流程衔接

主持稿、视频、节目、道具要做到"无缝衔接"，才能使观众观感更强。例如：具体到主持稿里的某一个字、上下道具、视频结束后三秒黑场时间内必须完成演员上下台、视频与主背景切换不超过一秒、主持人音乐响起三秒内必须亮起主持人灯光等细节规定，都有利于整场活动看起来非常紧凑，更容易将观看者带入情绪氛围。

2.5 主体感知

2.5.1 活动前期

要使各高校战队了解赛程安排，做好品牌赛事推广，将活动相关物料（条幅、海报、证书），办赛指南等邮寄至各个高校，进行赛程展示，提高关注度。

2.5.2 活动中期

要与各参赛战队保持密切联系，线上通过 QQ 等传输方式使参赛战队持续关注赛事阶段及各阶段结果，线下通过"第一感受"、整体氛围营造、办赛水平影响，提升其参与度。

2.5.3 活动后期

建立好长效维护"客户"机制，保证后续发放奖金、礼品等时效性，形成并输出电竞赛事文化理念，引导参赛选手成为长期"客户"。

2.6 内容生产

2.6.1 一心多环，形成集群效应

除设置主赛（英雄联盟）外，还可以配套开展解说大赛、设计大赛，电竞讲座、中韩对抗赛、电竞酒会等，全方面形成电竞集群，充分扩大活动内容影响力。

2.6.2 以点带面，融合多元文化

让电竞元素与其周边元素相结合，例如，动漫 Coser 走秀、配音，以电竞为主题的

Rap 等，形成涉及文化多样的独特的电竞内容。

2.6.3 多核驱动，注重质量把控

节目、内涵、整体风格、服装道具、宣传物料等都需围绕电竞内容进行筹备，可以创作原创歌曲、原创舞蹈增加记忆点，形成电竞赛事专属符号。

2.7 视觉传达

确定赛事整体风格后确定主喷绘、主海报设计主题色及样式，应该是充满电竞元素的红、蓝配色，而且视觉上要极具对抗感，且适用于赛事各个子活动及各个高校；舞台布置、场地布置物料，对抗台，背景图，座椅贴、战旗、战队海报等，用主喷绘进行改版设计，从而与整体色调及风格相呼应，营造出极强的电竞视觉氛围，带来"震撼之美"。

2.8 宣传推广

2.8.1 活动前期

做好活动预热，主要采取"短平快"的方式进行线上推广，为活动、战队制作使人印象深刻的海报、Logo 等，并以短视频、组图的形式集中展示，产生直击、有效的效应。

2.8.2 活动中期

通过战队成员采访，收集战队宣言，制作战队视频等形式对各参赛高校进行"无死角"采访，对战队成长历程、一路战况进行"全过程跟进"，对活动亮点重点宣传、大力宣传，形成宣传推广矩阵。

2.8.3 活动后期

联系媒体平台为赛事发声，做好品牌赛事维护工作，在休赛期间，对获奖战队进行专项采访，让获奖战队成为赛事代言人，用"冠军"效应，持续性做好赛事推广。

2.9 总结复盘

在活动结束之后立即组织所有老师和学生对该活动进行复盘，以问题为导向，采取主动原则，干事、干部、主席、老师依次发言，主席和老师可适当进行鼓励；在活动结束后的两三天，专门针对该活动进行总结完善，研究出改进方向。

2.10 反馈评价

赛后听取参赛方及观众方感受评价，对赛事执行、观摩体验等方面梳理归纳，以便后

续举办该活动时进行参考，防止再次出现问题。

2.11 防坑提示

2.11.1 赛前推广不能盲目进行

宣传稿件发得多、报名通告发得勤，不一定能连接更多用户，要根据实际情况并通过电竞协会等平台联系到目标群体，对必要且有吸引力的内容进行推广即可。

2.11.2 赛程赛制不能反复修改

赛事相关安排要依据专业比赛赛程赛制再结合实际情况去制定，一旦发布，便要按照发布的要求去执行，如果多次修改，赛事专业水平会被打折扣，认可度也会被降低。

2.11.3 赛后维护不能敷衍拖沓

在完成比赛阶段之后，不能忽视赛后的工作内容，要对参与人员的赛后问题进行耐心解答，及时发放奖金、奖品等，保持长效沟通，维护赛事信誉形象。

3. 活动执行图及解读

活动初期	活动筹备	活动执行	活动宣传	活动后期
制订方案 评估并确定赛程赛制、时间 下发通知（附报名表） 与相关协会、平台取得联系 发动报名 进行业务培训 购买物资及奖品、服装 设备租赁 制作宣传物料 做好人员分工 完成亮点设计 视频、文案创作 节目编排 文字材料撰写（主持稿、预热稿、秩序册等）	导出报名数据 确认高校参与情况 战队宣传稿件书写 赛前抽签 比赛设备接入 细化分工、责任到人 灯光编排、音控调试 材料打印、手卡制作 多次集中彩排、演练 场地布置、氛围营造 引导观众入场	佩戴对讲机 播放预热视频 所有工作人员、相关人员就位 按流程执行 合影留念 总结复盘 赛事执行方面： 进入比赛房间 进行选手检录 观察突发情况及违规问题 比赛结果公布及确认	制作短视频 整理并挑选与稿件适配的图片 24小时发布内宣稿件 **联系媒体**，发布外宣稿件 将所有宣传资料整理归档	收拾场地、归还物资 清点剩余物资 进行系统总结并形成文字材料 发放奖金 邮寄奖品、证书 做好关系维护

下面为执行流程解读。

活动共分为活动初期、活动筹备、活动执行、活动宣传及活动后期五个环节。

3.1 活动初期打好赛事基础

泰山"青未了杯"大学生电子竞技大赛是面向全国的校际联动赛事，因此要提前制订好赛程赛制，才能有效进行推广与传播，通过各种线上、线下渠道做好赛事宣传，长期发动高校报名，提高参赛人基数，做好前期周期较长的准备工作，例如：物资购买、视频拍摄剪辑、人员培训等。

3.2 活动筹备必须思考到位

在活动正式开始前召开分工会、沟通会等，集中考虑活动各项流程细节，明确各自分工，打印好相关材料，确保流程衔接紧密，进行多次彩排，及时发现问题，布置场地，充分营造电竞氛围。

3.3 活动执行做到有序完善

活动正式开始前各工作小组要全员到位，全程紧盯活动现场，保障流程完善运行；在比赛过程中加强监管，学会处理突发情况，并按规定完成赛事仲裁。

3.4 活动宣传保证及时有效

活动结束后输出短视频，形成活动剪影，做好视觉宣传，在24小时内发布稿件至校内各宣传平台，并及时将稿件转为外宣内容投稿至各媒体平台，稿件不要平铺直叙，要抓住亮点进行呈现，最后将所有链接、资料进行归档，以便后续查看。

3.5 活动后期完成整体复盘

活动结束后，及时对物资进行清点，将活动中发生的问题系统总结并形成文字材料，做好后期奖品、奖金的发放，建立良好的用户体验。

4. 经验提炼

4.1 构成电竞赛事圈，做到内容有料

对赛事活动做好整体设置，尽量丰富活动内容，开展主播、解说、设计大赛，覆盖王

者荣耀、英雄联盟等赛事，全方位、多角度形成电竞赛事矩阵。各类赛事都可以面向全国开展，通过周边赛事扩大主赛的影响力和高校参与度。在丰富内容设置的同时，从细节处着手办赛指南、办赛规则，尽可能提升办赛专业化水平。

4.2 建立目标用户群，做到推广有料

在前期建立赛事资讯传播通道，进行赛事有效、快捷宣传，也可以运营赛事官网，将宣传内容进行集中呈现并实现整合，也可以与省电子协会联合，共同发布赛事信息，与各类电子厂商、京东等互联网平台共同出击，多维度促进赛事运营，做好关系维护，形成长效合作关系。

4.3 强化体系传帮带，做到主题有料

主题设计要有潮流意识，既要遵循时代潮流，使其变成时代的产物，例如，杭州亚运会将电竞列入比赛项目，还要遵循大学生喜爱潮流的特点；另外赛事筹备要不断与时俱进、推陈出新，在开幕式、赛程设置上都"变着花样"地进行，形成赛事本身的特色与风格。

活动精彩瞬间 1

活动精彩瞬间 2

案例 8：社团巡礼节——大学生动漫展

(案例编写：张丽斌)

1. 活动总述

大学生动漫展是学校重要的社团活动之一，通过动漫展集合一群志同道合的动漫爱好者，强化交流，同时也通过动漫展有效地输出学校的文化。如何让学生在参与中真正体验成长、享受比赛过程，作为组织方，需要在各个方面下足功夫、充分筹备。

2. 活动指南

2.1　主题动议

应选择青春、二次元、时尚、中华优秀传统文化的主题，突出国漫、国风、国潮的元素，比如"涂山游园会""秀起霓裳"等，从而凸显主题的风格统一性；也可结合当下热点、围绕学校发展阶段去思考设计，总之主题应该是贯穿整体比赛活动的全过程，并让人眼前一亮。

2.2　时间、空间

(1) 在时间上充分关照学生的课程安排，可以考虑周末或者节假日，可以考虑连贯的时间以此来强化主题展演增强体验感；抑或是某些特定的传统的节日也可进行以渲染烘托气氛，营造良好的氛围。同时活动开展因涉及参赛高校要提前与各高校进行对接商讨确认最终时间；为保障节目的效果也要充分考虑活动的彩排时间、彩排次数等。

(2) 在空间上，尽可能凸显学校特色和搭建沉浸式体验展区。除常规青末了剧场外，还可以考虑如下场地：书院草坪、书院中庭、体育公园、镜湖湖畔、明湖湖畔、运动场、图书馆南门前广场等户外空间都可考虑，或者是根据不同场地的特点设置不同的展区以达到最佳的效果。

2.3　现场布置

对喷绘、倒计时海报、彩色条幅、动漫灯箱、道旗、逛展最全攻略指南等宣传类物料进行一体化布置，敢于利用美陈装置等场景化设计，去营造整体的、沉浸式的现场布置。

以"漫游泰空"这一主题为例，可以在校内通过道旗、动漫二次元、国潮、国风为主要基调，通过在校园主干道、各展区内布置相应主题元素的周边产品、文化元素，将动漫与校园打卡点结合，打造动漫主题街区、主题活动，让比赛现场与各展区赛道进行有机融合，打造沉浸式活动体验。

2.4 程序议程

"漫游泰空"主题动漫展，共分为五个序章，第一序章为动漫展开幕式；第二序章为赛事类；第三序章为书院"only"展；第四序章为"萌次元"随机舞蹈；最终序章为泰山·大学生动漫展颁奖典礼暨交流酒会。为进一步丰富赛事活动，展现各参赛高校、参赛团队和个人，还可以进一步增加其风采展示以视频形式呈现，还可设计安排邀请知名的Coser达人、播放头部动漫、动漫"配音秀"等预热节目。

2.5 主体感知

作为全国性的赛事，因涉及的高校、参赛对象比较多元，在活动开展过程中还应在以下几个方面关照主题感知：

（1）前期在和各高校代表队、参与者对接过程中要充分考虑尊重代表队，尊重其喜欢的动漫文化和人物以及其cosplay的对象。

（2）各参赛代表队情绪引导，现场参与者的互动体验，要通过主持词、宣传物品、KT版、口号等形式进行强化。

（3）对于现场要通过增强跟展区相关的物品、装饰品等，在条件允许的情况下可以设置体验区，通过现场的布置、视频和活动项目的展示，增强参加者的体验感。

（4）对于所邀请的嘉宾，要做好现场的介绍、引导、位次安排、主旨发言、参观路线安排等，让邀请的嘉宾有一个好的体验。

（5）对于现场的工作人员，要配置统一的着装、工作证，应熟悉各自的分工，各司其职，展现良好的风貌。

2.6 内容生产

（1）赛事推进过程中的细节管理，活动现场要充分把控主持词、流程PPT、视频篇章、展区作品等各方面的输出质量。

（2）参赛作品的质量提升，比如"心跳光谱"宅舞比赛、"午夜梦幻"Wota艺比赛、"秀起霓裳"cos走秀等，要对参赛者的作品包括视频、音频、着装等进行严格的把关筛选，进行预选赛最终确定晋级展示的参赛团队和个人。

（3）在内容呈现上各篇章的创意设计要与"漫游泰空"这一主题保持一致；另外各篇章活动展区要保持自己的个性和独立性，要通过创意文案设计、海报、场景布置等形成各活动展区的"专属IP"。

2.7 视觉传达

（1）在活动视觉传达上，应根据"漫游泰空"这一主题，确定符合整体赛事活动的主题色，各展区围绕各自的内容、特色设置符合自己的主旨风格，进行场景的覆盖以及现场视觉的设计碰撞，从而呈现较为和谐的视觉效应。

（2）在宣传物料类别上，应尽可能全面地覆盖，比如在邀请函、迎宾架、风采展、喷绘、道旗、海报、手牌手卡上去分别呈现整体的主题视觉，以达到整场活动的呼应性和仪式感。另外，现场工作人员的状态和参与者、体验者的动作、表情将是最好的一种视觉效果的传达。

2.8 宣传推广

（1）赛前应做好动漫展的预热，借助线上+线下两种渠道，充分做好比赛倒计时的预热；注重突显比赛主题。可以通过二次元的方式进行线上线下双重宣传，可以充分利用书院电视屏、户外喷绘、户外场域等具体形式。

（2）赛中在做好活动场景营造的同时，要进行比赛资料的留存，全方位、多角度呈现比赛全过程。其次要敢于抓取活动细节部分，定位精彩瞬间；要配套做好相关周边产品的设计，让每位参与其中的人都能感知到漫展的元素。

（3）赛后要第一时间进行各类新闻材料的梳理，包括文字、图片、视频等。新闻稿的题目也要充分结合主题元素、呈现比赛亮点。稿件输出应在24小时内完成并上传官网，同时做好媒体宣传等。

2.9 总结提升

动漫展结束后应第一时间召集老师和学生团队进行现场总结复盘（干事、部长、主席、指导教师代表依次发言，每人总结出本次活动的三个优点和三个缺点），针对活动优点和不足进行全盘梳理；其次是要重点收集反馈参与者和体验者的感受和心得；最后是要整理本次活动的策划案、流程方案、主持稿、宣传设计产品、现场照片、新闻稿件等，为下一次活动提供参考。

2.10 反馈评价

注重信息反馈，特别要注重收集参与者和体验者的评价，发放问卷进行活动反馈，并进行汇总整理，从评价中得到对于活动整体的总结启发，以延伸至下次动漫展组织工作中。

2.11 防坑提示

（1）作为观众参加漫展要注意礼节，跟 coser 拍照要征求对方的同意。

（2）不是所有人都接受动漫二次元，在观摩者设置时可以进行友情提示。

（3）不是走完活动赛事流程就可以，还应呈现更多台前幕后的故事，还可以设计更多惊喜互动环节等。

（4）动漫二次元人物的角色和妆容、服饰有一些夸张性，甚至会有一些反串角色，作为观众要充分尊重，不要当面指指点点和评论。

3. 活动执行图及解读

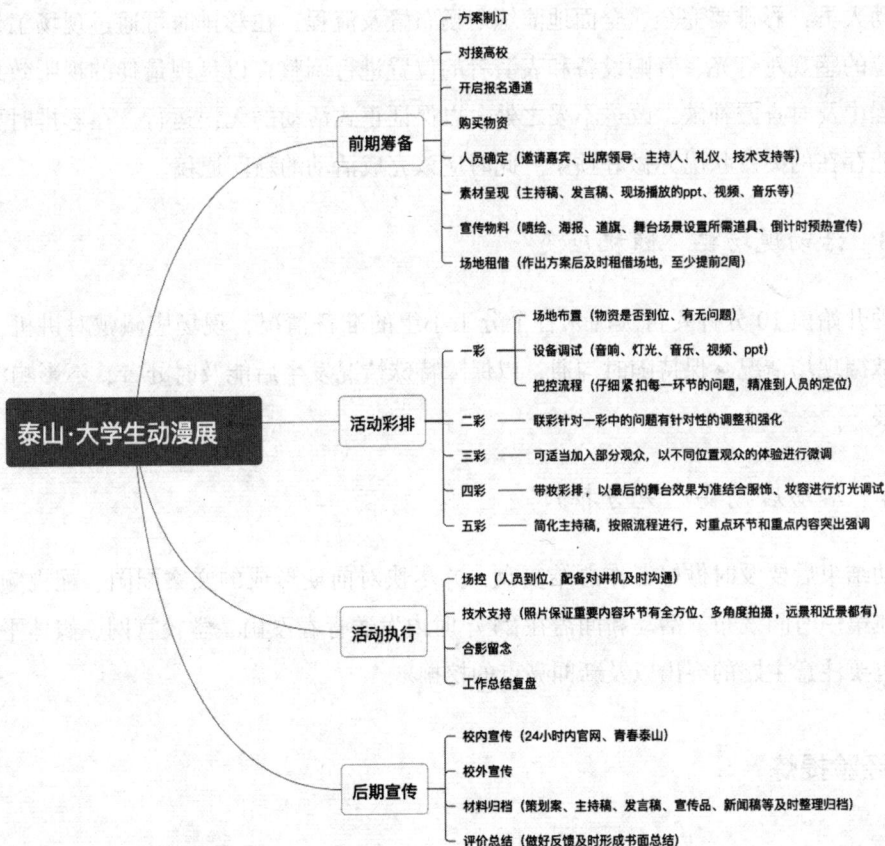

```
                                          方案制订
                                          对接高校
                                          开启报名通道
                                          购买物资
                              前期筹备 ── 人员确定（邀请嘉宾、出席领导、主持人、礼仪、技术支持等）
                                          素材呈现（主持稿、发言稿、现场播放的ppt、视频、音乐等）
                                          宣传物料（喷绘、海报、道旗、舞台场景设置所需道具、倒计时预热宣传）
                                          场地租借（作出方案后及时租借场地，至少提前2周）

                                                    场地布置（物资是否到位、有无问题）
                                          一彩 ──── 设备调试（音响、灯光、音乐、视频、ppt）
                                                    把控流程（仔细紧扣每一环节的问题，精准到人员的定位）
泰山·大学生动漫展 ── 活动彩排 ── 二彩 ── 联彩针对一彩中的问题有针对性的调整和强化
                                          三彩 ── 可适当加入部分观众，以不同位置观众的体验进行微调
                                          四彩 ── 带妆彩排，以最后的舞台效果为准结合服饰、妆容进行灯光调试
                                          五彩 ── 简化主持稿，按照流程进行，对重点环节和重点内容突出强调

                                          场控（人员到位，配备对讲机及时沟通）
                              活动执行 ── 技术支持（照片保证重要内容环节有全方位、多角度拍摄，远景和近景都有）
                                          合影留念
                                          工作总结复盘

                                          校内宣传（24小时内官网、青春泰山）
                              后期宣传 ── 校外宣传
                                          材料归档（策划案、主持稿、发言稿、宣传品、新闻稿等及时整理归档）
                                          评价总结（做好反馈及时形成书面总结）
```

下面为执行流程解读。

活动共分为前期筹备、活动彩排、活动执行、后期宣传四个环节。

3.1 前期筹备要"全面覆盖"

泰山·大学生动漫展是全国性的赛事活动，是组织方邀请全国各兄弟高校参加的集体性赛事，在前期筹备时，首先要确定高校预选赛具体执行方案并面向全体高校发送邀请函和相关活动赛事解读，其次要充分做好赛前沟通、收集类工作，最好召开赛事沟通会和技术解读会，以保证各个环节的流畅性（如有天气、场地等不确定因素，应做好 B 方案的制订工作）。同时要确定安排好市外高校参赛队伍的交通、食宿、接待等问题，可根据赛事情况提前沟通。

3.2 活动彩排要"查漏补缺"

活动彩排一般在赛会前一天或当天进行，彩排时应明确各环节负责人员，包括场控人员和机动人员，彩排要完全、全面地演练现场布置及流程，在彩排时可通过现场工作人员不同方位的感观对灯光、音响设备和表演者的位置进行调整，以呈现最佳的视听效果。在彩排过程中及时查漏补缺，改进不妥之处，以保证正式活动的无误运行。在彩排时要提前预设可能存在的突发状况并做好预案。此时应该完成活动的新闻通稿。

3.3 活动现场要"随机应变"

活动开始前 10 分钟要再次确认各个分工小组的准备情况，现场应佩戴对讲机，场控要全面掌握现场情况，保持随时沟通，以保障特殊情况发生后能及时处置，不影响活动的正常开展。

3.4 活动后期要"充分推广"

活动结束后要及时做好工作总结复盘，并尽快对前期形成的文案配图、配视频素材，以保证在第一时间发布。活动新闻需在 24 小时内发送青春泰山、学校官网、媒体平台等，宣传时也要注意主题的突出以及新闻亮点的挖掘。

4. 经验提炼

4.1 丝丝入扣，把控细节，注重效果呈现

在主题选择上，要结合"漫游泰空"这一主题为例，结合国风、国漫、国潮等优秀中国传统文化元素，突出青春、二次元、活泼向上的气息；在环节设计上，尽可能新颖、多

元，打破常规赛事活动安排、强化互动体验，可设置专门的体验展区或体验活动区，实现台上与台下的互动；在舞台效果上，要通过道具、宣传物料的布置增强其氛围营造。舞台效果的呈现还要依托于动漫舞台场景的设计，在空间场域的设计上要符合动漫主题整体氛围，其建筑风格、场景内饰等都要符合整体主题氛围；道具本身也是场景，一是要用好角色自身所带的道具，即角色所使用的工具、武器及生活用品；二是要用好场景中的道具如家具、陈列用品等；舞台效果呈现的关键在于参加者所呈现出来的内容，要加强对于参赛者的选拔、节目的审核和彩排。

4.2　强化协同、加强沟通，环环相扣，把握主流方向

泰山·大学生动漫展涉及的高校、环节较多，细节性要求较高，要成立一支专门的师生团队，要进行细致的人员分工，落实到个人，以便于把控活动流程、进度，及时沟通。在前期筹备阶段要由专人对高校进行一对一沟通，及时跟进反馈问题；在活动过程中要强化过程把控，责任到人，设置备选方案和候选人。在后期的宣传中也需有专人负责审核文案，包括照片拍照的角度、视频拍摄剪辑等，要从整体上把握大的主题方向。

4.3　以赛促赛，促进交流合作，实现多赢

泰山·大学生动漫展不仅仅是一群酷爱动漫的群体所热衷的，它更应该成为拉近各高校交流合作的一个重要载体，加强高校间的交流和友谊，共同发掘动漫魅力。同时，也可以漫展为契机，积极促进各高校动漫类社团的校际联动和资源共享，共同打造集兴趣爱好与协同发展为一体的常态化交流平台。

活动精彩瞬间 1

活动精彩瞬间 2

第四节　合作探索类学生活动类型指南

概　述

　　合作探索类活动主要指由基层单位主动发起，并有其他单位深入参与，集互动、交流于一体的活动。以合作为组织方式，以联动为参与方式，依据某个主题，形成的多样化、多区域的活动形式。常见的为团队竞技类赛事、常态化志愿服务活动。主要案例代表：体育竞技类赛事、志愿服务进社区和2022泰山·大学生音乐节系列活动。

　　合作探索类活动一般是以参与为主、观摩为辅的形式运行，呈现出团队形式参与且参与人员广泛等特点。组织者在筹办活动时需要以"参与者具体感受"为活动导向，还需要形成协作、联动、服务效应，其次，要形成共同的愿景，在实现双赢的价值导向下达到活动与参与者的"彼此成就"。

案例9："花样竞速"趣味赛社团活动

（案例编写：桑晓涵）

1. 活动总述

　　"花样竞速"趣味赛社团活动由基层组织 NOWRUN 夜跑社自发举办，是为进一步加强学生体质锻炼而开展的一项具有团结、竞技等性质的综合性活动。通过每期不同的项目比拼，引导学生理解、感受协作竞技魅力，进而推进全面发展。

2. 活动指南

2.1　提案动议

2.1.1　了解概念及特征需求

明确的目标就是社团活动策划的第一步，目标是之后的一切决策的指导方针。作为社团系列活动，每一期比赛都要师出有名，而我们必须要这个理由，把这个理由与活动结合起来。这个"理由"是我们跟学生的第一触点，是活动的核心。同时我们社团活动提案的初衷一定是策划"有意义"的活动，要与学生密切相关。作为综合性项目活动，参与门槛要低，流程简化，规则简单，能让学生产生情绪，有"热闹"的氛围。

2.1.2 推动出发点及终点实现

每一期活动提案的出发点应该是对社团的清晰认识和对学生群体的良好把握，只有这样才能够使活动提案做得符合实际，不致脱离整个竞技运动类社团活动的要求。活动提案的终点也就是所要达到的目标，不管怎样都是要直接或间接地促进整个系列活动的影响力，实现每一期活动的目的，达到高质量、高人气。

2.2 目的载体

每一期活动都要做到载体全方面搭建、多种类呈现：

活动的载体是随时间的发展而不断发展，每一个载体的内涵与作用、效果也是不断丰富和扩展的。结合活动实际，每期创新载体形式是作为系列活动所不可缺少的。例如"僵尸保龄球""天地花开"等，便是通过运用纸杯、气球等不同的游戏载体，承载和体现团结、比拼、竞技的内涵，吸引学生参与其中，成为交流和受影响的主体。所以说要多选择能使学生喜欢且产生新奇感的活动载体，也可以与现实热点去进行结合，示范性效果强，每期活动学生也不会感到疲乏，对于这类活动越参加越有兴趣。

2.3 理念落地

理念落地这一步的工作重点是要解决"活动做什么"的问题，而作为基层社团的系列活动，每期的活动理念如何能契合整体活动理念、如何才能落地、如何才算落地，有时就会缺乏清晰的认识。所以说除了表面在 KT 板、门型海报、彩色条幅等宣传类物料现场布置上与理念融合，系列活动的整体理念更要落到组织成员的认知中、信念中、行为中，这样在推动每期活动的举办时，大家才不会"背道而驰"，脱离系列整体。

2.4 群体意识

作为一项具有团结、竞技等性质的综合性项目活动，群体意识是此类活动开展、游戏项目选择的重中之重，群体中的成员要对整个群体抱有忧患意识，对整个群体负责，每个成员都要具有主人公意识，主要通过这两个方面实现：

（1）能提高活动的互动频率，才能从群体活动中得到某种程度的需求，经过游戏氛围的催化，所产生的团队认同感就越高。

（2）要增强过程中信息交流，在活动比拼中给予学生的信息流量越大，在互动频率的带动下信息覆盖面就越广，学生通过信息交流和协作，产生"彼此亲近"的感情，才是真正意义上引导学生理解、感受团结协作竞技的魅力。

2.5　内容产出

2.5.1　受众生成内容

受众生成内容指的是参与活动的同学将自己原创的内容（多半是活动参与后的感受、心得等）通过互联网平台进行展示或者提供、传递给其他同学。以提倡个性化、体验式为主，真实动人的分享平台多为社交网络（微信朋友圈）、视频网络（抖音）、微博等等。参与活动的每一个同学都可以生成自己的内容，活动传播范围更大、传播效果更好、真实性最强。而如何推动更多的学生参与进来并自发性产出，除了宣传等客观因素，作为室外活动在安排上也要注意天气因素，错开完满活动高峰期，避开教学活动，尽量选择学生下课后人流量多时举办，这样也会相应增加参观者的内容生产。

2.5.2　专业产出内容

与同学们自我进行内容生产不同，要借助专业化的方式提供相应内容，例如泰山小满微信公众号、抖音等系列平台报道，以更专业的内容产出寻求更广泛的链接，扩大基层活动影响力，形成社团活动系列报道，每一期都有新点评，形成独有文案，以标示性语言为系列活动延续氛围。同时在摄影上也要多聚焦团队合作、共情时刻、拥抱鼓励等精彩画面，构图要清晰美观、简洁，有特写、有全景、有内容、会"说话"，才能更好地记录和展示活动效果。

2.6　宣传推广

（1）宣传方案应该包括前期宣传，活动中宣传，后续宣传。前期宣传开展时间视活动而定，因为作为系列活动，每期的宣传其实都可以从上一期活动收尾就开始，吸引学生关注，一般从本期活动开始前半个月开始宣传，同时也在每期活动开始前，进行活动预热，根据学生的关注点对每期活动进行灵活规划，通过预热达到一个小的高潮，维持着相对稳定的关注度，并且在活动开始当天，关注度达到最高，并在结束后的当天，及时做好总结稿、图片视频的推出。

（2）关于系列活动的宣传推广，其周期性比一般活动要长很多，一般都是借助持续性宣传来维持热度，大致可以分为线上和线下宣传。通过公众号推文、悠学派，通过发送群体消息并在朋友圈中转发达到宣传的目的，也可以通过学生们乐于分享和刷屏的 H5 预热期的线上宣传。而线下宣传包括门型展架、海报、展板、KT板等，但为了时效性和成本考虑，更多会考虑用海报的形式进行宣传，一般选择在宿舍楼下、食堂、操场、教学楼等人流量多的地方。

2.7 结果陈述

作为系列性社团活动，在每一期的活动结束后要及时进行活动结果陈述，而且更多的要聚焦在学生身上。在每一期的活动后，都要收集活动学生的反馈，不仅要有活动参与者，还要有活动执行者的反馈。在每期活动的总结推文里设置反馈环节，并进行汇总整理形成结果陈述，从学生们的反馈中得到对于整个系列活动的总结启发，以便下一期活动的举办策划中参考。

2.8 复盘优化

2.8.1 定期系列总结

活动执行的结束并不意味着活动的结束，还有一个非常关键的环节需要我们重视，那就是第一时间对活动的结果复盘，社员、社长、指导教师代表依次发言，发言内容要包括效果评估、原因分析、差异对比、总结经验和教训等，才能对后续活动起到很好的借鉴意义。其中，树状图和鱼骨图都是很好的分析总结工具。

2.8.2 及时调整方向

总结此期活动的不足之处，要及时梳理，才能及时对下期活动策划进行调整优化，在实施过程中避免重犯错误，避免让我们的实际行动偏离最初的目标而不自知。通过带大家回顾活动目标、归纳不足元素，首要问题首要解决，第一时间讨论新的行动计划才是系列活动中每期复盘要做到的。

2.9 防坑提示

2.9.1 趣味游戏在精不在多

在每一期的活动中，并不是要安排得满满当当的游戏项目才是好，只有那些具有意义、能够引起大家思考并产生共鸣的游戏项目，才是值得学生们参与的。

2.9.2 活动形式在新不在广

所谓创新活动形式，并不是说要包含所有的形式。只和以往活动形式不同，一味地选择拓宽活动面，直接生搬硬套，不新颖、过于老套的活动形式也是极其不可取的。

2.9.3 学生参与在质不在量

每一期活动学生参加的人数不是越多就越好，相反小规模活动下才能更好地照顾到每位参与者的感受。学生才能更好地在活动中获取到充足的情绪价值，更为充分地体会活动意义。

3. 活动执行图及解读

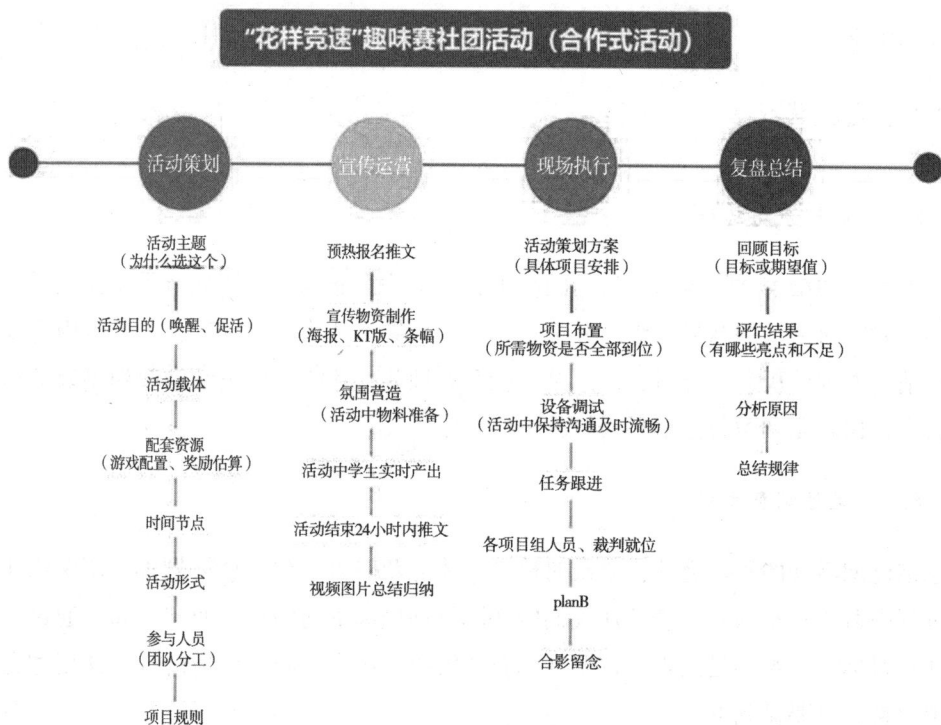

"花样竞速"趣味赛社团活动（合作式活动）

| 活动策划 | 宣传运营 | 现场执行 | 复盘总结 |

活动主题（为什么选这个）　　预热报名推文　　活动策划方案（具体项目安排）　　回顾目标（目标或期望值）

活动目的（唤醒、促活）　　宣传物资制作（海报、KT版、条幅）　　项目布置（所需物资是否全部到位）　　评估结果（有哪些亮点和不足）

活动载体　　氛围营造（活动中物料准备）　　设备调试（活动中保持沟通及时流畅）　　分析原因

配套资源（游戏配置、奖励估算）　　活动中学生实时产出　　任务跟进　　总结规律

时间节点　　活动结束24小时内推文　　各项目组人员、裁判就位

活动形式　　视频图片总结归纳　　planB

参与人员（团队分工）　　合影留念

项目规则

下面为活动执行图解读。

活动共分为活动策划、宣传运营、现场执行、复盘总结四个环节。

3.1 活动策划需多维度考虑

在做活动策划的时候，一定要把整个活动模拟数遍，把各个细节都考虑到，有顺序地安排各个阶段的时间，做到有条不紊。在活动举行的过程中，尤其是户外活动，会有很多情况出现，这些意外或大或小，也可大可小，例如天气原因、学生受伤等。因此，在做活动策划的时候，考虑得越周到，就意味着活动的风险越小，取得成功的可能性就越大。

3.2 宣传运营要大范围触底

作为基层学生社团活动，最忌讳的就是宣传工作只浮于表面，并没有深入到学生中去。拓展基层活动的宣传深度，全方位开展宣传，针对不同的学生群体进行差异化宣传和精准投放，才是最重要的。系列活动也并不是举办一期就结束，要长久为功，宣传到位，突出主题，挖掘亮点，才能起到既总结又预热的带动效果。

3.3 现场执行须全过程紧凑

在现场中，最关键的是小组的分工和成员的分配，将每个项目要筹备一个准备小组，安排一个负责人，进行细致的分工。合理地安排活动工作人员，进行权责分明的分工，让每个工作人员清楚自己的职责是整个执行过程的关键。而且在户外的大型活动，最忌讳的是发生现场混乱，一旦出现混乱难免影响整个活动效果，所以说执行一定要干净紧凑，加强现场的控制力。

3.4 复盘总结务必立体化归纳

在每期活动目标达成后，要第一时间组织大家开总结会，明确此次活动是否达标，进而通过观察活动过程的表现，进行差异化分析，最终在此基础上总结活动经验，并根据分析对下一步活动进行策划安排。

4. 经验提炼

4.1 创搭体验平台，凝聚基层力量

在项目选择上，注意可玩性及趣味性，尽可能新颖、多元，让学生们真正沉浸式的去体验感受，遵循"寓教于乐、体验为王"。项目也要尽可能去创新，每期活动的主题点不要重合，也不要直接硬搬游戏项目，并尽可能地通过学生带动学生，以点带面的模式，吸引学生参与活动。

4.2 创优运行机制，强化目的使命

拒绝传统以时间为准的竞技形式，选择团队比分、合力效应等出乎意料的裁决方法，凸显合作探索类活动的魅力。摒弃老套的通过氛围烘托来衬托活动主题，从选择游戏开始，到创新游戏玩法，再到出其不意的环节设置，引领学生们从自身感受中了解团结协作。

4.3 创新活动方式，展示竞技风采

活动的创新并非说要走不一样的形式流程，而是应该结合活动主题，围绕活动目的、活动对象特征去思考和设计活动流程，通过有效的策略让活动对象学有所得、心有所获。避开惯性思维，认真制订活动策略，在普适性基础上，去策划一些针对性活动，抓住不同学生群体的不同需求，也可参考学习一些综艺类互动性强的节目，其中的一些互动游戏、破冰体验等，都可改良后融入我们的活动设计当中，进一步丰富活动形式。

活动精彩瞬间 1

活动精彩瞬间 2

案例 10："青春向阳"社区行动志愿服务活动

（案例编写：陈婷）

1. 活动总述

以"社区赋能"为工作关键词，围绕科技助老、健康关爱和生活科普等主题，开展社区氛围提升赋能、社区生活技能赋能和社区基层治理赋能三条主线在内的系列专项活动，为学生搭建参与社会实践的平台，培养社会责任感和奉献意识。

2. 活动指南

2.1 主题选择

在组织校外社区行动类志愿服务活动时，需要以"把握社区需求"为出发点，以"发挥专业所长"为立足点，在结合社区业务方向的同时，充分发挥学生的主动性。可结合特殊节点、时事热点等确定活动主题，为传统单一的志愿服务活动赋予时代特征和创意形式，并需要重点考虑活动主题的连续性，切忌将"完成单次活动"作为行动目标。

2.2 活动时间和场景

（1）在时间上：由于此活动面对的服务人群具有多样性，要考虑社区工作人员、社区居民的空闲时间，同时考虑泰安市内的社区距离我校较远，往返交通花费时间较长，以及学生课余的集中空闲时间等综合因素，一般定在每周三、周五下午的完满时间，每周六、日和寒暑假期间最为合适，确保学生和服务人群都有充足时间互动交流。

（2）在场景上：在开展有关主题课堂学习等形式的活动时，通常选择社区活动室，便于使用多媒体等课堂辅助设备。在涉及走访调研、宣传倡导等形式的活动时，通常选择街道、户外广场等人员较为集中、流动性较大的场景。此外还会根据需求，前往学校教室开展活动。

2.3 现场氛围营造

由于社区一般需要通过乘坐公交车前往，携带面积大、体积重的物资十分不便捷，一般通过制作横幅、海报、易拉宝和内容手册等便携的宣传类物料，在校外布置活动场地，提高服务对象对活动的认可度。在一些大型活动中，可联系专人安排搭建活动喷绘、注水旗等物料。另外,将活动赞助方的礼品摆放在现场较为显眼的位置,助力活动内容呈现。

2.4 社区联动融合

2.4.1 调研明确需求

在活动前要与社区工作人员对接,确定需求问题,选择合适的时间开展走访调研工作,以服务社区居民为宗旨,做好相对应的活动方案策划,并由社区工作者考评。

2.4.2 探索社区共建

除走访了解外,根据社区重点工作方向,针对社区核心工作,形成配套服务活动策划。尝试和社区共建项目,将社区工作者和学校志愿者统一纳入服务人才库中。

2.5 活动内容构建

2.5.1 服务人员培训

需要从基本素养和特殊技能两方面推进志愿者培训,在基本素养上,秉持志愿者精神,重点关注红马甲的穿着等行为规范和活动期间注意志愿者形象,同时需要使志愿者知晓清晰且完整的活动流程和活动注意事项,掌握相关急救知识;在特殊技能方面,如需要志愿者在活动现场担任一些环节的主持人或组织者,应提前准备相关资料和讲话稿件。在此基础上提升志愿者的专业能力,针对不同的服务对象可灵活应对。

2.5.2 服务需求定制

根据服务对象的需求对活动内容定制,例如服务对象为小孩,由于处于寒暑假期间没有家长陪伴,或者无人辅导假期作业,则可根据这一情况定制专属孩子的"七彩课堂",由志愿者在每周三和周五前往社区,辅导孩子们的假期作业,同时制作为期一周的特色主题课程,例如科学实验、手工制作、红色书籍阅读、青春健康知识等。

2.5.3 服务模式复制

将各类活动方案形成专项活动体系,复制服务模式,在同类社区、基地等地落实。例如防诈反骗课堂、七彩课堂等,不限于在一个社区开展,活动内容具有可复制性,只要符合服务对象和需求,即可在多地开花。

2.6 活动宣传渠道

2.6.1 细致全流程

前往社区前与社区工作人员进行详细的活动对接，将活动的具体流程、新闻稿件等材料发给社区审核。

2.6.2 多角度记录

在活动中多角度记录志愿瞬间，并邀请当地融媒体进行新闻报道及采访工作。

2.6.3 把握时效性

活动结束后，利用校内宣传平台、校外社区基地宣传平台对活动进行详细报道，及时整理好图片视频及文字，主要围绕"社区""志愿服务"等关键词进行采写。普通稿件在 24 小时之内审核好发出，重大节日相关活动需提前写好新闻稿，确保新闻稿的时效性。

2.7 活动总结与成效反馈

2.7.1 在活动总结方面

在活动现场进行口头总结并形成文字材料，根据情况体现在新闻稿件中。如有活动嘉宾分享环节，则在活动结束后将讲稿或 PPT 等统一收集整理。通过周度、月度例会，由活动各小组代表进行总结分享。在时间允许的情况下，在活动现场对工作人员进行单人和集体工作人员的摄影记录，充分记录每一次活动的难忘时刻。

2.7.2 在成效反馈方面

面向志愿者、服务对象、社区工作人员三方设计反馈内容。通过发放问卷和现场随机采访的形式知晓活动情况，同时由社区工作人员反馈文字意见，由志愿者自行总结，督促彼此进步。

2.8 防坑提示

2.8.1 志愿者数量在精不在多

每场活动招募志愿者人数控制在 15 人左右即可，报名过多的志愿者通过选拔、专业匹配、志愿者经验等方式择优录取，保证每名参与活动的学生都有充足的活动经验和专业的服务技能。人数过多，容易产生志愿者"争抢"服务对象的情况，导致活动效果受到影响。

2.8.2　活动内容在专不在广

要将服务内容聚焦到一类人群上，设计专业且专一的活动，形成专项的活动体系。例如面对儿童教育问题，应为其设计思想引领、七彩课堂、自护教育等多元化的内容；面对老人，应把握陪伴需求，考虑体能等因素，设计耗费体力较小、交流类的活动。

2.8.3　活动周期在长不在短

在"教老年人使用智能手机"这一活动主题的设置上，第一期活动以初步认识智能手机为内容，第二期活动教老人如何拍照等基本功能使用，第三期活动则在前两期的基础上开展手机软件下载和使用的活动内容，实现活动内容的阶段性深入，提升每次活动的有效性，拉长服务周期，驱使活动内容专业且针对需求，同时得到更好的效果回馈。

3. 活动执行图及解读

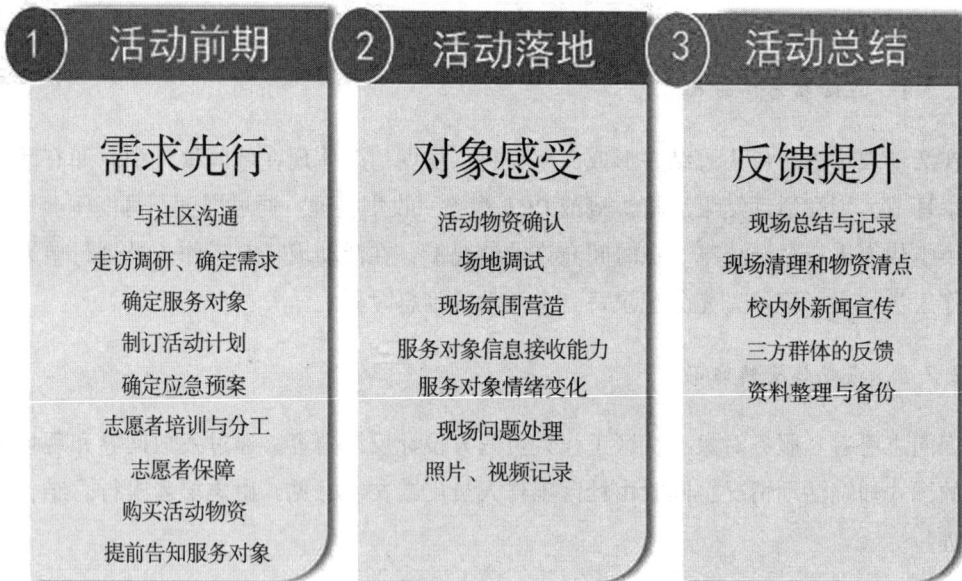

下面为活动执行解读。

3.1　活动前坚持"需求先行"

在前期筹备中要与社区充分沟通，要与社区工作人员确定好活动对象及活动具体人群，首先根据需求，确定具体执行方案、应急预案，并安排各项分工，开展培训，并与社区的工作人员协商确认可行性。在完成策划后，着手准备活动物资采购、志愿者保障。同时社区通过张贴告示、发送社区群消息等提前协助活动宣传，召集相关人群。慰问，走访等涉及入户的活动，可由社区工作人员带领入户。在活动的推演环节中，对过程中可能出现的问题，及时查漏补缺、调整方案。

3.2 活动中注重"对象感受"

在活动中应当首先关注活动对象在过程中有无不适应的现象，要及时关注活动对象的情绪变化，根据信息接收能力及时调整活动方式。与小孩、老人等不同人群面对面沟通时，需要注意变换语气和说话技巧，不能用单一的说话方式对待和处理。面对小孩子要做到"耐心""鼓励"。面对老人要做到"安静""倾听"，学会察言观色，保证活动对象有较好的感受。

3.3 活动后及时"反馈提升"

在活动结束后，在活动现场就近组织工作人员开展口头总结，活动后通过每周例会进行经验分享，共同探讨，发现活动中的优缺点，总结改进措施。及时向服务对象、社区工作人员和志愿者调研活动感受与现场效果，记录、形成书面的反馈材料。通过学校、社区的资源，寻求发布外媒的渠道，提升活动影响力。最后将活动最终定稿的策划、宣传品、新闻稿、照片等活动材料打包整理归纳，作为活动经验补充和活动参考案例。

4. 经验提炼

4.1 坚持示范引领，项目化运作

开展社区行动志愿服务活动时，要以各专项志愿服务队伍为推进单位，在活动体系建设上下功夫，保证活动内涵，形成"一支一项"运行模式，形成典型示范，提升项目内涵和服务影响力。不仅要在队伍组建上保证"小而精"，在活动内容和服务人群上也要坚持"细而专"，提升活动的针对性和有效性。

4.2 坚持制度先行，常态化推进

活动的高效运行首先需要做好组织建设工作，通过建立制度体系，保证活动的规范性，定期、高频次、常态化推进活动；同时，需要完善志愿者培训机制，将志愿服务行动与常态化培训、志愿服务精神传递活动同频开展，形成志愿服务闭环，从队伍运行管理到

内容提升，从行为规范再到项目打造，能够最大化地激发志愿者内生动力，持续提升志愿服务专业性、活动持续性。

4.3 坚持需求导向，专班化组织

在活动的志愿者招募上要思考如何优化人员配置，有效将学生参与意愿与活动的服务内容匹配，发挥学生专业特长，实现服务目的的同时，满足学生成长与发展的实际需求。可以面向全校跨学院、跨专业、跨年级招募志愿者，还可以主动邀请、鼓励学生党员、团员和班团干部等学生群体参与，发挥他们的带头作用。

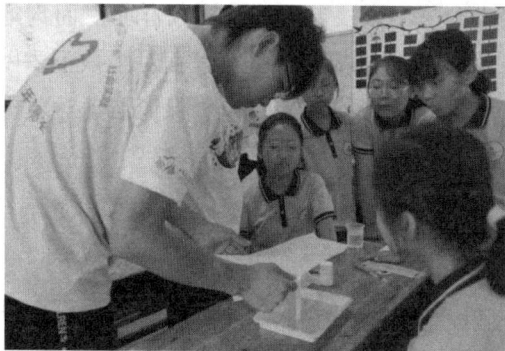
活动精彩瞬间 1

活动精彩瞬间 2

案例 11：淬炼商学院"野生冰雪运动体验"

——淬炼商学院首届班团旱地冰球大赛

（案例编写：刘万志 张丽斌）

1. 活动总述

淬炼商学院首届班团旱地冰球大赛是学院结合地域实际、学校理念、学生需求而开展的一项特色运动项目，是学院竞技体育板块工作体系中全民健身类运动的重要组成部分。旱地冰球是从地板曲棍球演变而来的运动。旱地冰球运动极易开展：开始时不需要特定的技巧，规则简单易行，只需要一双运动鞋，一支球杆和球。旱地冰球也可作为一种健康运动，男女享有平等的地位，早些年就已经有男女混合赛。旱地冰球无处不在，除正规的室内场地外，还可在任何平坦的场地进行，尤其是草地、沙地、光滑的水泥地等。旱地冰球运动项目的开展淬炼学子对团队协作有了更生动的认知，这不仅是一项健身运动，更是打造完美团队的重要抓手。

2. 活动指南

2.1 主题动议

"野生冰雪运动体验——淬炼商学院首届班团旱地冰球大赛"提高学生团队意识、激发基层班团活力，充分发挥学生的主体性和主观能动性。旱地冰球打破了传统运动项目对场地、性别的限制，这对于学生破除传统思维定式，拓展思路，打开社交壁垒同样提供了新的模式。

2.2 时间、空间

（1）在时间上，开展时间可集中在初冬，充分关照学生的课程安排，可考虑周六、周日，重点突出活动主题，增加参与者体验感。

（2）在空间上，由于旱地冰球对场地没有限制，可将活动安排在五人制足球场、篮球场、书院绿庭等，利用不同场景对学生产生潜移默化的影响。

2.3 现场布置

在绿庭、运动场选取活动场地，利用挡板减少观赛同学对场上运动的影响。

2.4 程序议程

活动开始前由负责人对运动规则、时间、判罚进行详细讲解，同时询问参与同学的身体状况并讲解运动注意事项，主要流程为前期介绍、运动开展、总结宣传等。在活动开展各阶段由专人专项负责。

2.5 主体感知

作为学院激发班团基层活力的方式，应充分体现以下两个方面的感知：

（1）班级风采展示，参与队伍以班级为单位，对班级文化进行多角度呈现，鼓励队伍设计班旗、班级 Logo 等，更好地展示团队精神风貌。

（2）各代表队支持者的情绪引导，通过条幅、KT 版、口号等形式。

2.6 内容生产

从以下角度做好内容生产：

（1）赛事推进过程中的细节管理，活动现场要充分把控裁判员、每节比赛活动时常、判罚尺度等各方面的输出质量。

（2）为保证同学们活动的体验感，活动开始前给同学们预留场地适应、规则学习、技巧训练、团队配合训练时间。

（3）现场氛围营造方面，邀请班级同学为班级队员加油助威，组织部门准备标语、KT 板、加油口号等文案的创意表达和呈现，围绕主题以互动性、全新、潮流性的语言做好比赛全过程的文案输出工作。

2.7 视觉传达

（1）在活动视觉传达上，应根据旱地冰球大赛主题，确定符合比赛氛围的主题色，以冰雪、团队、竞技游戏为风格，进行场景的覆盖以及现场视觉的设计碰撞，从而呈现较为和谐的视觉效应。

（2）在宣传物料类别上，应尽可能全面覆盖，比如在海报、展架、挡板图案等方面凸显活动主题。

2.8 宣传推广

从前期物资准备、中期活动过程中、后期的活动结束仪式以及新闻稿推送等方面做好宣传推广：

（1）前期物资准备，紧抓活动器械装备和购买物资的细节。学院统一为参加活动的同学提供冰球活动所需器械、护具等，学院竞技体育协会携手学院学生会各部门做好后勤保障工作，充分考虑各类突发情况、运动损伤等的出现，保证活动的有序开展。

（2）活动过程中做好场景留存，力求全方位、多角度呈现项目全过程。在活动过程中紧跟场上每位队员的情绪、体能变化，在保证获得运动体验的同时，确保参与活动同学的安全。

（3）后期的结束仪式后第一时间进行各类新闻材料的梳理，包括文字、图片、视频等，做好留痕的同时为宣传推广做准备，同时将各类宣传海报及时回收。新闻稿撰写在体现活动特色的同时要充分呈现参与活动同学、参赛班级的变化。稿件应在 24 小时内完成并推送学校官网、校外媒体平台，保证时效性。

2.9 总结提升

活动结束后，负责老师带领学院体育协会同学及时总结复盘（部长、部员、指导教师依次发言，应体现活动的不足和收获的经验），对优劣势全盘分析，最后通过问卷调查法对参与者真实感受了解统计，并将以上材料留存；最后所有参与同学都要写一篇参加"野生冰雪运动体验——淬炼商学院首届班团旱地冰球大赛"的收获总结。

2.10 反馈评价

活动结束后收集各班级及参与者的评价，在现场设置"活动留言墙"等，并汇总整理，从评价中得到对于活动整体的总结启发，以延伸至下次举办更大型活动的组织工作中时参考。

2.11 防坑提示

（1）安全问题，时刻保持警惕心，将参与者的安全放在各项工作开展的首要位置。

（2）运动有着一定的负荷，要及时询问学生身体状况，对于自身存在慢性病和脏器疾病的同学提供体验机会、不建议参赛；对于参赛同学做好活动开始前的热身和结束后的放松，避免出现运动损伤。

（3）不是走完活动流程就 OK，除了开场、比赛、颁奖外，还可设计更多惊喜、欣喜环节，比如班级风采展示、嘉宾演出、团队游戏、结尾彩蛋等。

（4）不是颁奖后总结完就 OK，应重视活动带来的团队荣誉、团队激励，比如团队负责人的鼓励、拍照、分享留恋等都很有必要。

（5）其他防坑事项：活动器材方面，应备齐、备全各项器材，包括球杆、球、球门等；现场氛围方面，可以考虑设置机动气氛组；提前确定领奖代表后场；活动周边文创的产出等。

3. 活动执行图及解读

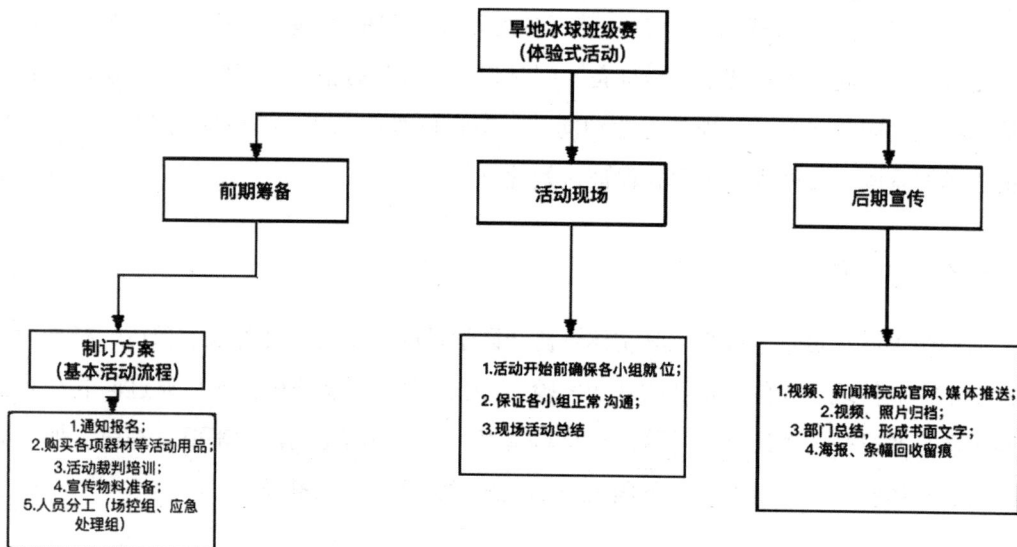

下面为执行流程解读。

活动共分为前期筹备、活动现场、后期宣传三个环节。

3.1 前期筹备要"面面俱到"

班团旱地冰球比赛是在学院体育协会牵头组织下需各年级、班级参赛的集体性赛事，在前期筹备时，要首先确定具体执行方案并及时全面地解读、安排各项分工，其次要做好前期沟通、收集类工作，最好召开赛事沟通会和技术解读会，以保证各个环节的流畅性（如有天气、场地等不确定因素，应做好 B 方案的制订工作）。

3.2 活动现场要"随机应变"

活动开始前 5 分钟，要再次确认各个分工小组的准备情况，现场应佩戴对讲机，以保障特殊情况发生后的及时有效沟通。若有情况发生，在不影响活动正常进行的基础上灵活处理。联系校医务室老师在场下实地指导。

3.3 活动后期要"充分推广"

活动结束后要及时做好现场工作总结，并尽快收集活动相关图文、视频资料。活动新闻需在 24 小时内发送青春泰山、学校官网等平台，宣传时也要注意主题的突出以及新闻亮点的挖掘。

4. 经验提炼

4.1 打破地域限制，构建班团冰球比赛的"主体基调"

在活动各环节设计方面，尽可能照顾学院不同年级同学的需求，采用新老生交流赛、同年级挑战赛等新形式，注重交流平台的搭建；在组内成员的分配上，保证各队伍至少有一名女同学在场上，增加活动的趣味性和团队凝聚力。

4.2 突出团队协作，表现旱地冰球活动"技术技巧"

建立团队合作机制，将"以赛促练"贯穿活动始终。安排体育协会骨干队员录制规则、技巧视频，争取建立"一对多"帮扶机制，确保参与者熟练掌握运动技能，保证活动开展的流畅度，进一步提升赛事观赏效果。

4.3 营造班团共情，塑造冰球比赛的"滚雪球效应"

班团旱地冰球大赛是学院竞技体育板块全民性赛事的重要组成部分，也是展示班团风貌的重要平台（彰显班级协作、组织能力），通过营造班团共情，在提高班级集体荣誉感的同时激发基层组织活力。

活动精彩瞬间 1

活动精彩瞬间 2

第五节　互动启发类学生活动类型指南

概　述

　　互动启发类学生活动主要指以学生个人参与、广泛发言为主的小型活动。常见类型为沙龙、讨论、研讨、观影、分享会等小型互动类活动，主要形式有大咖阅读计划读书交流会、学长计划经验交流会、电影评论交流分享等。互动启发类活动一般主要以座谈形式为主，在活动中通过主持人引导，分享人带动参与者一同讨论发表意见进行头脑风暴的过程，重点突出互动。组织者在筹办活动时，需要重点关注的是现场学生都是"参加者"，没有"观摩者"，要充分带动大家发言的积极性，形成"主持人—分享人—参与人"共同讨论的良好氛围，以达成效。

案例 12：智能工程学院星光临咖馆"邂逅大咖"夜读活动

（案例编写：马栋 李敏）

1. 活动总述

　　智能工程学院星光临咖馆"邂逅大咖"夜读活动，是根据学校信息产业大咖传记阅读计划开展的系列活动之一，也是落实"信息产业经营管理人才"培养目标的具体举措。在信息爆炸的当下，如何能让大家静下心好好地品读一本书？针对前期大咖活动开展过程中的参与性与体验性不足的情况，学院打造了特色项目——"星光临咖馆"夜读。品读一本书的方式分很多种，有读书，也有现在时兴的听书，像得到、喜马拉雅等 App 就是将书读给听者，星光临咖馆"邂逅大咖"夜读活动就是基于此打造的线下听书活动。

2. 活动指南

2.1　主题动议

　　一是保证贯彻落实学校信息产业大咖传记阅读计划的顺利实施，二是保障全体参与学生的"四感"——融入感、体验感、参与感和收获感，三是从场域空间角度出发，营造良好读书听书氛围，提升活动代入性。

2.2 时间、空间

（1）在时间上，结合学生实际情况与课程安排，一般选择在周一、周二、周四的晚上，尽量减少外界的干扰，保证学生参与的效果和沉浸性。

（2）在空间上，场地的选择可以多样化，在室内尽量选择书院阅读活动室，在室外可以选择体育公园、镜湖湖畔、明湖湖畔、图书馆附近、临泉广场等户外空间。

2.3 现场布置

场地即感知，布置即体验。每一场活动的场地布置将直接影响整个活动质量和听者的参与感。星光临咖馆着重打造安静、沉浸、代入感的氛围，利用场景化设计，去营造整体的、沉浸式的现场布置，以暖色灯光为主色调，适当调整书籍、灯具、道具等的摆放，全氛围打造出"星光"的静谧和探索气息。

2.4 程序议程

星光临咖馆"邂逅大咖"夜读活动主要包含星光开场、星光领读、星光分享会、星光交流会等环节，以分享心得体悟贯穿活动全过程，根据不同主题，活动还可穿插其他子活动形式，如穿插视频、大咖人物速画像、OKR 大咖指标等，不仅停留在感悟层面，更要从中学到知识并反馈到自己的学习和生活中。

2.5 主体感知

活动主体感知是整场活动最重要的部分，每一场活动针对活动主题要设计好活动各个环节和细节，保证每个参与主体都能得到充分的关注。星光临咖馆应充分在以下几个方面关照主体感知：

（1）活动人数的限定：控制在合理有效的范围之内。

（2）活动现场的风采展示：通过宣传卡、宣传架、电子屏等媒介进行多角度现场呈现。

（3）主持人的情绪引导：KT 版、口号、灯光、书籍解析等形式。

（4）参加者的感知引导：观众互动、交流分享、观点互换等多样引导。

（5）参加者的体验引导：在主持词、合影、总结等方面进行肯定和激励。

2.6 内容生产

（1）活动推进过程中的细节管理，活动现场要充分把控主持词、领读质量、灯光营造、视频篇章等各方面的输出质量。

（2）活动领读的质量提升，比如提前选择优秀读者进行深入阅读和总结，提升领读者的阅读质量和领读水平。

（3）现场文案的总结表达和呈现，围绕主题以互动性、分享性、激励性的语言做好阅读全过程的文案输出工作。

2.7 视觉传达

（1）在活动视觉传达上，应根据阅读主题，确定符合活动氛围的主题色，以温暖、静谧为主调，进行场景的覆盖以及现场视觉的设计碰撞，从而呈现和谐的视觉效应。

（2）在宣传物料上，尽可能多方面覆盖多种宣传物料类别，比如在活动通知、风采展、灯光、手牌手卡上去分别呈现整体的主题视觉，以达到整场活动的呼应性和仪式感。

2.8 宣传推广

2.8.1 活动前期

做好阅读活动的预热，突显本次夜读活动的主题，注重领读人员的领读感情。通过较为吸睛的方式进行线上线下双重宣传，可用 QQ 群、书院电视、户外喷绘等具体形式。

2.8.2 活动中期

在做好活动场景营造的同时，要将领读人员和互动人员分享资料的留存，全方位，多角度呈现阅读全过程。

2.8.3 活动后期

第一时间进行各类新闻材料的梳理，比如文字、图片、视频等输出应在 24 小时完成并上传官网，发布媒体等。新闻稿的题目也要充分结合主题元素、呈现活动亮点，例如"对话：经营之神——松下幸之助"。

2.9 总结提升

活动结束后应第一时间召集老师和学生团队进行现场总结复盘（组织人员、指导教师依次发言总结出本次活动的优点和缺点），针对活动优点和不足进行全盘梳理，并整理成材料进行留存，同时要拍照留念，记录学生组织的每一次成长。

2.10 反馈评价

活动后收集参加学生的评价，也可在现场设置"活动留言墙"等，并汇总整理，从评价中得到对于活动整体的总结启发，以使下期夜读活动有所提升。

2.11 防坑提示

（1）不是所有人都适合做领读者。要主动寻找、深入挖掘有领读潜质的学生，打造优秀领读团队。

（2）不是在场就代表已融入活动。不是简单组织参加人员到位就可以，大家要深入参与、全身心投入。

（3）分享不是个别人的专场。要充分调动在场所有参与同学的互动细胞，充分表达自己的观点并分享，形成良好的互动氛围。

（4）每场活动都不是一锤子买卖。每一期的夜读活动都是整个活动的一部分，要有序长远发展，注重每一场分享的活动体验，注重每一位参与学生的感受，不断充实扩大共读队伍，形成个人到小组到团队的大咖进化体系，吸引越来越多的人加入其中。未来，星光临咖馆的举办将不仅是一个场域的单个活动，而是多个场域间的互动连接与分享。

3. 活动执行图及解读

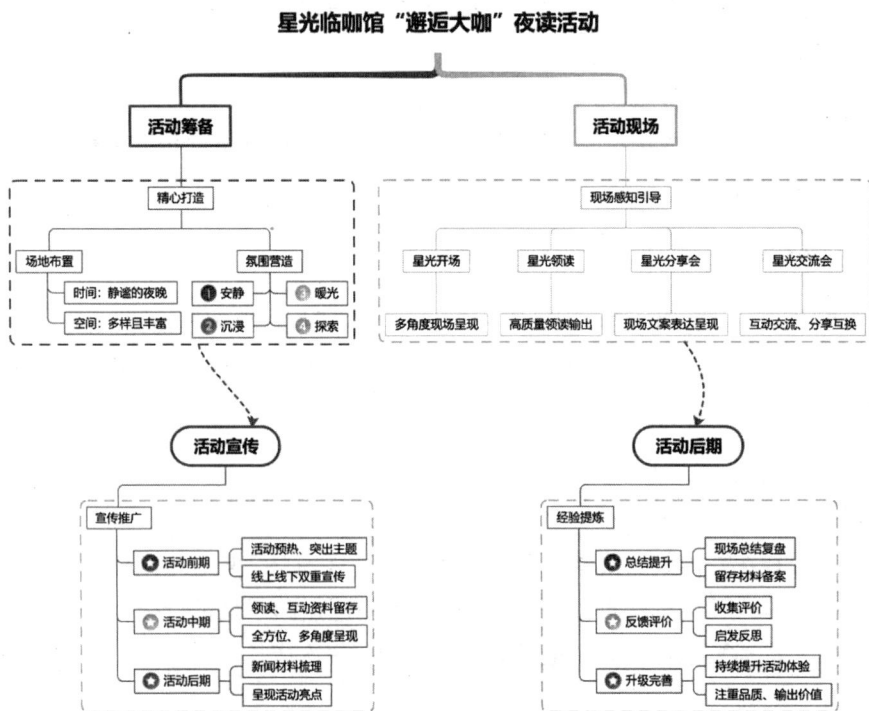

星光临咖馆"邂逅大咖"夜读活动

下面为活动执行图解读。

3.1　活动筹备要目标明确

通过书籍、海报、灯光等物料将活动场地布置成暖色调，营造安静沉浸的氛围，打造出"星光"的静谧和探索气息；根据学校每月推荐书籍，选择本次活动主推书目，精选领读人，深入学习书籍，带领参加者进入阅读状态，体悟大咖思想。

3.2　活动宣传要全方位开展

充分做好活动预热，通过 QQ 群、海报、户外喷绘等全方位线上线下宣传，做到全面覆盖。将与活动有关的素材进行一系列主题打造，呈现整体的主题视觉，达到整场活动的呼应性和仪式感，彰显本次活动的阅读主题。

3.3　活动现场要暖心热烈

在活动过程中，情绪调动相当重要。领读者在阅读中，将大家带进安静的氛围，提出问题让大家独立思考，互相交流引起思想碰撞。领读人员和参加人员在主持人的引导下，深入探索，交换彼此的观点，描绘出心目中的大咖。

3.4　活动后期要总结提升

在活动结束后，进行全面复盘总结，将领读人员与互动人员分享的资料留存，全方位、多角度呈现阅读全过程，第一时间梳理各类新闻材料，呈现活动亮点。针对活动优点和不足进行全盘梳理，优化活动环节，提升活动质量。

4. 经验提炼

4.1　注重场域布置，营造浓厚氛围

4.1.1　选好活动举办场地

场地的选择可以多样化，在室内尽量选择书院阅读活动室，在室外可选择体育公园、镜湖湖畔、明湖湖畔、图书馆附近、临泉广场等户外空间，所选场地一定要保证活动开展期间相对安静，减少外界的干扰性，营造沉浸式阅读氛围。

4.1.2　用心布置活动空间

空间即感知，布置即体验。每一场活动的场地布置将直接影响整个活动质量和参与

感。空间上重打造安静、沉浸、代入感的氛围，以暖色灯光为主色调，通过书籍、灯具、道具等摆放全氛围打造出"星光"的静谧和探索气息。

4.1.3 全面做好宣传预告

做好大咖传记阅读活动的预热，通过 QQ 群、书院电视、户外喷绘等方式进行线上线下双重宣传，突显本次活动的阅读主题，制造期待，吸引大家积极参加。

4.2 注重互动环节，增强共读效果

4.2.1 注重阅读价值提炼，输出内容有深度

分享者务必做好阅读内容的价值提炼，让参与者感受到思考的碰撞火花，准备要充分，内容要有深度，才能吸引人融入精神世界。

4.2.2 注重讨论实质内涵，头脑风暴有高度

讨论内容不应局限于简单人物事迹，需要充分挖掘深层次内涵，提出问题，让学生带着问题阅读，对读到的内容进行分析、对比和思考，彼此交流看法。

4.2.3 注重呈现形式多样，凝练体悟有广度

通过征文、阅读、演讲等方式，让学生自己去表达，充分发挥学生的主观能动性，让学生在阅读、写作和表达等方面得到全方位的锻炼。

4.3 重视活动品质，不断提升完善

4.3.1 大繁似简，看似简单想要做好实则很难

要从思想上足够重视此类活动。就像厨师界最难做的一道菜也是最简单的一道菜"酸辣土豆丝"一样。互动启发类活动因其活动性质决定了其活动内容和形式相对固定，创新的空间有限，活动组织者不能因其看似简单而降低品控要求，更需要设计、总结和思考，最大程度提升活动体验。

4.3.2 主题选择，看似简单想要吸引人不容易

互动启发类活动交流的主题选择对活动吸引力和体验感影响很大，在做活动主题选择时需要充分考虑，结合天时、地利和人和不同角度，选择最适合当下的交流主题。例如前段时间房地产火热，可以从《王健林传》讨论；近期马斯克的火星计划很火爆，可以从

《硅谷钢铁侠》分析讨论等，契合当下热点，同学们的兴趣点也会水涨船高。

4.3.3 延时满足，看似简单想要延伸时需坚持

互动启发类活动最大的优势在于对参与者心灵、精神、思想的启迪和启发，如果说其他活动类型都是通过参与体验获得即时性满足，那么互动启发类交流讨论传递给参与者更多的是延时性满足，是对人生的哲学性思考，是对他人经历的感悟式体验，是对自己思想的一次重塑。人类因文明记录而延续千年，组织者要坚持提升自己的同时不断向参与者输出更多核心价值。

活动精彩瞬间 1   活动精彩瞬间 2

案例 13：智能工程学院"学长计划"

——热爱碰撞，迎"篮"而上篮球分享会

(案例编写：马栋 段双双)

1. 活动总述

"学长计划"系列活动旨在助力学弟学妹消除学路迷茫，开启智慧人生，为"个人提升""能力拓展""找寻自我""完满人生"提供不同渠道的发展路线和发展方略。以竞技体育、艺术实践、社团活动、志愿服务四个完满板块为蓝本，助力学弟学妹早日登临象牙塔高峰。营造互动氛围，让学生从"朋辈互动"中感受到力量，是组织方在活动筹备过程中的重要推进目标。

2. 活动指南

2.1 主题动议

依托学校大型活动结束时间，把握重要节点：国家奖学金、省政府奖学金评定，泰科之星评选、四六级成绩公布等，主题应当选择当下时效性最强、最能给学生带来示范作用的议题，选择引导学生主动参与到完满活动中来，敢于展示自我；帮助学生制订学习目标，规范学习方法，找到通往成功的捷径。而本期学长计划主要是针对第十八届"泰山杯"篮球赛智能工程学院卫冕冠军，学院上下备感振奋之际，开展的由冠军队员们讲述他们的夺冠奋斗历程和心路历程。

2.2 时间、空间

时间方面：学长计划开展的时间以学校大型活动、各类评优评先完成节点为基础，充分把握主题的时效性，例如，每年 5~6 月开展"泰科之星"评选，10 月中上旬举办"泰山杯"篮球联赛，10 月下旬开展"泰山杯"足球联赛，12 月上旬举办"音岳之声"合唱大赛，等等。

空间方面：以便于成员间互动为目标，根据不同的主题，选择会议桌、活动教室或者草坪等半开放式、全开放式活动场地，以便于观察、倾听和表达为主。本期【智能工程学

院】学长计划第十二期"热爱碰撞,迎'篮'而上"篮球分享会,选择墙面五彩缤纷的瞻岩书院会客厅,以舒服的沙发,紧密的互动空间为主,体现篮球人的奋斗历程。

2.3 现场布置

(1) 智能工程学院学长计划第十二期"热爱碰撞,迎'篮'而上"篮球分享会布置,现场张贴篮球标志或分享人员的活动精彩瞬间,烘托氛围。制作暖场视频,素材取自泰山杯篮球赛中运动员们拼搏的场景。门口左侧摆放活动宣传展板,介绍嘉宾的主要事迹、活动精彩照片等,右侧摆放两张签到桌,桌上贴好"签到处",并在桌面准备好纸笔。

(2) PPT 内容、色彩搭配要与泰山杯篮球赛活动主题对应;提前调试电子设备,灯光调节根据主题选择暖色调或冷色调,使分享者、倾听者更加放松。

2.4 程序议程

大体分为主持人介绍环节、分享环节、互动环节三个部分。

2.4.1 介绍环节有引入

主持人需提前了解嘉宾的主要事迹,就重点事迹做突出介绍,把握学生感兴趣的亮点、特点,可适当进行舞台环节的"卖关子"。

2.4.2 分享环节有感动

嘉宾进行分享,分享内容需提前由指导老师把握,重点将容易引起感情共鸣、接地气的内容分享,要注意理性感性相结合,既要有"干货"又要能够引起大家"感动";PPT要与讲述内容一致。例如,正在分享篮球经历中经受的困难,PPT却显示一张生活照,就不能使观众更有代入感和想象空间。

2.4.3 互动环节有温度

互动环节可选择活动互动和提问互动,两者皆需主持人提前做好牵引,充满趣味性地引导学生积极主动参与互动。

2.5 主体感知

2.5.1 活动前期重在氛围营造

活动开始前,提前收集其他学生的话题讨论,大屏幕滚动播放,让分享嘉宾充分了解普通学生群体的好奇倾向。

2.5.2 活动中期重在体验营造

活动开始时，主持人、组织方可自由引导话题，提前营造和谐轻松的互动氛围；播放与活动主题相符的视频，让学生提前感知互动主题，有所准备，活动开始后有的说、敢于说。本期邀请了竞技体育中心教师周家伟老师，通过其专业的讲解和分析，叙述亲身的经历以专业的视角将同学们带入比赛现场，让同学们学到更多，都敢于在活动中发声。

2.5.3 活动后期重在宣传营造

活动结束后，设置拍照环节，除参与学生大合照外，可适当打造"粉丝效应"，让粉丝文化在完满活动中盛行，以点带面吸引更多的学生参与，扩大活动影响和覆盖群体。

2.6 内容生产

（1）认真选择分享主题，本期"热爱碰撞，迎'篮'而上"篮球分享会的主题就围绕"梦想""拼搏""团结"展开，分享人从自身经历出发充分准备。

（2）交流话题现场抽取：活动开始前，提前搜集参加者现场预交流的问题，契合学生群体中的热议话题，在活动现场随机抽取搜集到的问题，让参与同学提问，让每个到现场的同学都有参与感。

（3）活动的辅助色彩鲜明：PPT 高质量表现主题、主持词和流程单的衔接流畅有趣。

2.7 视觉传达

（1）门口处、桌签等宣传物料齐全，制作篮球队的冠军队员海报并布置于活动现场，让参与学生感受到活动的正规性及对参与活动学生的重视。

（2）现场 PPT 主题色彩、动画设计等与互动话题适配，暖冷色调、轻松活泼设置得当。

（3）场地装饰有度，选择与主题颜色相配的物料进行布置，空间不可太空或太花哨。本期根据篮球主题，选择贴画、立体泡沫或实物装饰。

2.8 宣传推广

（1）活动前可通过线上线下进行话题征集（也可以包括明星球员的八卦问题），引起学生们对"热爱碰撞，迎'篮'而上"篮球分享会的好奇心、求知欲，从而提高参与度。

（2）活动中，宣传部的同学要注意抓取分享人、学生的表情变化，以单人特写为主。

（3）活动结束后的 24 小时内，完成新闻稿的发布，保证新闻的时效性，新闻稿要突出亮点，以接地气的方式呈现，着重体现朋辈间的友好互动和活动后学生的获得感。

2.9　总结提升

活动结束后应第一时间召集老师和学生团队进行现场总结复盘（组织人员、指导教师依次发言，总结出本次活动的优点和缺点），针对活动的优点和不足进行全盘梳理，并整理成材料进行留存，同时要拍照留念，记录学生组织的每一次成长。

2.10　反馈评价

活动由各学院完满观察团进行观察调研，同时向活动参与学生进行调研，收集学生对活动的反馈意见及建议，整理成章，进行活动调研数据及反馈建议公布，帮助活动举办部门查漏补缺，以便做好下一次活动的更高质量开展。

2.11　防坑提示

（1）不是话题、场地越正式越好，而是结合当下学生群体中的热点进行选择，要将每一个参与者的问题提前收集并通过 PPT 现场展示和抽取，既迎合学生最关心的话题又能使学生有所收获，让学生轻松吐露是最好的。本期活动就选在了场地气氛良好的书院功能房间，现场轻松舒适。

（2）不是分享人越多越好，以话题为主，选择契合话题、热门嘉宾为主，适当把关嘉宾发言稿或发言大纲，既有趣又有重点的分享最好。

（3）不是按部就班办完就好，互动启发类活动种类众多，如何从这么多的活动中突出重围，让活动内容走进学生心里，打造和寻找活动的亮点才是最重要的。

3. 活动执行图及解读

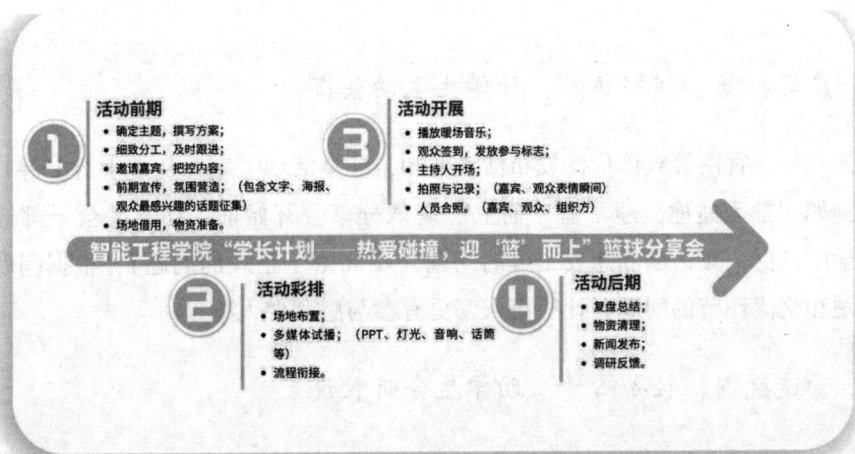

下面为活动流程解读。

（1）活动前期：

①确定活动主题，邀请分享人员，同时就场地、内容需求、互动环节等与分享人员做好对接，就分享内容做好把控，切勿出现不合时宜的内容。

②细致分工，将分工安排制作成表，将表格分享至工作人员，由各小组负责人及时填写工作进程，供主要负责人、全体工作人员随时掌握工作进度，及时补充工作内容。

③提前检查话筒、PPT 等播放是否流畅，提前申请、布置活动场地。

（2）活动开展：

①观众进场至活动正式开始前，播放暖场音乐和提前剪辑好的视频，把同学重新带回比赛现场。

②设置参与人员签到环节，发放活动现场的 KT 氛围板和粉丝牌，给予分享人满满成就感，观摩参与的同学满满的参与感和仪式感。

③活动过程中，为分享人提供良好的分享氛围，要设置互动环节，不仅仅是讲与听的关系，也是问与答的关系，分享者与观众互动的关系。

④主持人充分把握现场互动氛围，根据氛围把控现场秩序；可提前设置"托儿"，提前将搜集观摩者的问题置于 PPT 中，并在现场随机抽取，让每一个观摩参与同学都有参与感。

⑤负责新闻稿撰写，拍照同学积极投入活动，及时把握活动亮点及活动参与同学的表情抓拍。

（3）活动后期：

做好活动总结和现场整理，注意新闻稿的发布时效及新闻亮点的提炼，同时注意活动文件夹的整理上交。

4. 经验提炼

4.1 广泛征集，捕捉热点，让学生主动获得

依靠公众号、官网等载体广泛发布活动通知，征集活动主题，从学生身上寻找热点互动话题。例如"热爱碰撞，迎'篮'而上"篮球分享会开始前，在学生会干部或干事群和参与同学中广泛征集话题和想要了解的问题（不局限于正式的问题），根据问题热度设置分享主题和交流环节的问题，让所有人都更有参与感和融入感。

4.2 营造氛围，轻松心情，助学生会听敢说

通过 PPT、视频、海报、条幅等宣传物料的设置、播放及悬挂，营造"敢于提问，勇于

突破"的互动氛围，通过组织方、主持、嘉宾的组织、流程衔接，让学生在轻松和谐的氛围中善于抓取分享的重点，敢于表达自己的疑惑从而得到解答并在实践过程中得到进步。

4.3 创新形式，多样场域，寻活动崭新亮点

学长计划不局限于教室或者书院室内空间展开，根据分享内容以创新形式，走向室外。如果本期"热爱碰撞，迎'篮'而上"篮球分享会可适当增加室外篮球运动环节，如定点投篮，运球比赛等，将进一步提升活动参与感和体验感。根据不同学长计划的分享内容，适当创新和融合，会迸发新的火花。

活动精彩瞬间 1

活动精彩瞬间 2

第六节　典仪体验类学生活动类型指南

概　述

典仪体验类活动主要指作为参与主体的个人、团队亲自参与到活动中，在活动中以自主独特的方式认识、思考、体验、感悟周围世界，并最终形成自我的感知、体验。常见的有典仪教育、营地教育、行为养成、劳动教育、美陈、展览、游戏等。主要案例代表：校院两级学生组织成立大会、泰山野战训练营。

典仪体验类活动一般以沉浸式为主、互动为辅的形式运行，并呈现出较为专业的特点。组织方在组织典仪体验类活动时，既要充分考虑活动全过程的组织和动员，又应把现场观看效果和活动体验纳入整体评价中，从社群性与互动性要素出发，达到活动整体的集体认同感。其次在活动形式较为丰富的活动中，要注重典仪体验类活动的核心环节，通过有效创新的方式彰显主题风格，制造活动现场"高潮效应"，从而让现场氛围达到高度统一，让参与者和观摩者能够有一个沉浸式的体验。

案例 14：淬炼商学院"守正笃实聚完满，行稳致远赴星辰"

——暨淬炼商学院学生组织成立大会

（案例编写：许铭　张丽斌）

1. 活动总述

淬炼商学院学生组织成立大会是学院学生组织最重要的富有仪式感的活动之一，也是提升学院学生组织成员凝聚力和向心力的有效路径。为了让全体成员在成立仪式中获得真正的参与感、体验感，感受到成立大会的庄重和仪式感，学院团总支需要在各个方面下足功夫、充分筹备。

2. 活动指南

2.1 主题动议

（1）活动主题要为活动目的服务，比如学生组织成立大会既是对上一届学生组织成员的表彰，更是对新一届成员给出期望和规划，可以选择"回首与展望"的主题。

（2）活动主题要围绕活动主体特点量身打造，比如学生组织为青年学生服务、助力青年学生成长，主题要突出当代青年的蓬勃朝气与使命担当，可以选择"青春聚力向未来""同心奋进新时代"等符合活动主体特征的主题。

2.2 时间空间

（1）时间的协调要有把握全局的意识，要预留出活动彩排、调整补漏的时间，又要充分兼顾学生上课（如需请假，需要开具集体假条），正式活动的时间一般安排在周三、周五的下午或晚上。

（2）空间的选择首先取决于一些基本要素：参与人数、活动规模、环节设置所需要的设备辅助、天气状况等硬性条件。在满足硬性要求的基础上，更要将场域的无形价值发挥到极致，突显学校特色，实现与观众的深度互动，充分发挥场域的育人效应。比如剧场、书院草坪、书院中庭、体育公园、镜湖湖畔、明湖湖畔、运动场、图书馆北门台阶（临泉广场）等户外空间都可以纳入考虑范围。

2.3 现场布置

场地布置要遵循"统一调性、彰显特色"的基本原则。"统一调性"即现场的布景和氛围营造都要与活动的调性相一致，"彰显特色"即要有突出亮点，以此增加参与者对活动的记忆点。比如学生组织成立大会的布置要符合其"庄重规范、活力洋溢"的调性，又要突显"淬炼"的特色元素。可以具体细化为"担当组""辅助组"和"气氛组"，比如在学生组织成立大会中，需要上台出境的团旗、院旗、聘书、证书等为"担当组"，要在布置时明确它们的定点位置。为台下观众嘉宾准备的座椅背贴、纪念品、指引标牌等为"辅助组"，需要专人落实。营造现场气氛的 KT 板、龙门架、门型海报、彩色条幅等宣传物料为"氛围组"，摆放要恰到好处，根据参加者的行走路线摆放在其视野和活动范围内，让宣传品的作用最大化。

2.4 程序议程

议程的制定首先有大的框架去区分篇章，其次有清晰的主线，主线上各个环节的先后顺序要符合逻辑、衔接要流畅，在主线之上穿插亮点、环节点缀其中。比如淬炼商学院学生组织成立大会共有两大篇章、11 项环节，在兼顾主线流畅性的基础上，增加了院旗交接等富有仪式感的环节，体现大会的庄重性。此外，还可穿插各部门的视频合照、学生会宣传视频、为上一届学生干部献花等环节，让整场大会更有温度，内容更加饱满。

2.5　主体感知

活动参与主体的感受是活动设计中最重要的考虑因素，主体包括台上的参与主体、台下或场外通过线上参与的观摩主体、到场助阵的嘉宾主体、活动承办地组织主体等，策划活动时要总领全局，努力为每一个群体营造最佳的现场感受。

（1）学生组织成立大会的参与主体主要为两届学生会的干部及干事代表，要从主持词的串讲、宣传海报、互动交流等方面增强其参与感受。

（2）观摩主体主要是学生组织的干事，通过统一着装、手册发放等方式增加对组织的认同感和归属感，并将其体现在宣传视频和海报中，增强参与感。

（3）嘉宾主体，要做好迎宾引导、纪念品摆放、背贴等，如涉及展品展示或参观，要安排好讲解人员和路线。

（4）组织主体，要佩戴统一的工作证，或统一穿着，体现团队的组织性和纪律性。

2.6　内容生产

"内容为王""让每一条内容产出都服务于主题表达"是内容生产中要遵循的重要法则。比如在学生组织成立大会中，涉及内容产出的部分有"主线文案""周边文案"。

（1）主线包括贯穿活动始终的主持词、PPT 呈现、视频展示、宣讲稿件、贺词等，"主线文案"要保持风格的连贯性和一致性，文本表达务必精准。

（2）"周边文案"是各类宣传手册、伴手礼、纪念品、场景布置中的海报条幅等要突出主题，形成本次活动专属的"记忆锚点"。

2.7　视觉传达

视觉传达要通过视觉效果去传达活动的理念、引发情感共鸣。通过视觉去传达的有 PPT、视频、宣传海报、邀请函、手卡、场景布置等。在场组织人员的动作和表情也是一种视觉呈现，有序条理的现场调度、热情洋溢的精神面貌和周到贴心的互动，会给现场带来意想不到的呈现效果。

2.8　宣传推广

宣传推广要贯穿活动的前、中、后全过程。以学生组织成立大会为例。

（1）活动前要做好活动的倒计时预热，充分利用线上和线下多种渠道，对内做好学生会成员的宣传工作，让大家都投入到这场活动的筹备中；对外做好学生会的形象展示和理念传达。

（2）活动中做好宣传物料、纪念品、纪念手袋等的布置和发放，借助纪念品等物品，让每一位同学都成为活动的宣传渠道。此外，对活动过程中的素材、资料进行拍摄和留存，尤其是亮点环节的特写捕捉。

（3）活动后需第一时间梳理新闻材料，包括文字、图片、视频等，并在 24 小时内完成上传发布。新闻稿的题目也要充分突显主题特色，例如，淬炼商学院学生组织成立大会是一场正式庄重的仪式，又是齐心协力开创新局的契机，所以题目要大气激昂，定为"守正笃实聚完满，行稳致远赴星辰"。

2.9 总结提升

活动后的复盘总结是构成整个活动闭环的"最后一公里"，对于团队工作开展具有重要意义。首先，团队指导老师要带领整个团队的主要负责同学梳理活动过程中的成功与不足之处，并让全体成员针对本次活动梳理自己的心得与反思；最后要对活动的策划、宣传设计、现场活动照片、新闻稿件等资料进行归档，为今后的活动提供经验借鉴。

2.10 反馈评价

要畅通活动反馈与评价渠道，多方面收集活动组织者、参加者、观摩者及活动嘉宾等不同群体对活动的评价与反馈，并针对性地给出改进措施或成功经验，将评价与思考都落实到纸面。

2.11 防坑提示

2.11.1 保障工作做得好，安心工作没烦恼

学生组织成立大会需要全员参与，需要协调各方时间和场地，做好备选方案，保障学生按时到场。对需要上台的代表或嘉宾，要有专人对接时间、座次和是否到场等信息，确保在彩排和正式开场时均能就位。

2.11.2 谨慎细致严谨，贯彻整个活动流程

学生组织成立大会在各个环节的先后设置、话语表达上要符合程序的规范性，关键内容要报上级领导审核修改，以免出现表述上的错误。如需使用到国歌、国际歌等音频材料，一定要使用官方版本。

2.11.3 想要让参与者有沉浸式体验，要先坐到观众席上

PPT 的放映要在现场实地调整，保证前排嘉宾、后排观众都可以清晰地观看到全部信

息，色彩使用、字体图标位置等都需要根据实地情况灵活调整。视频、音频的播放音量要恰到好处。对于宣传品的摆放，要在参与者和观摩者的路线及视野范围内，做到有效宣传。

2.11.4 嘉宾引导要到位，名单更新要及时

在开场前 15 分钟，在会场门口安排引导人员，并及时将到场名单做好更新，与主持人保持沟通，以保证开场嘉宾准确到位。

2.11.5 对于拍摄的素材和要求及时与技术人员做好沟通

确保各环节都有影像记录，以保证做好新闻素材的收集。

3. 活动流程图及解读

下面为执行流程解读。

活动共分为活动前期、活动彩排、活动现场、后期宣传四个环节。

3.1 活动前期要"万事俱备、只欠东风"

在流程环节的文本、物资、呈现素材上要责任到人，并将时间节点、准备进度通过线上平台做到表格书面化、可视化。通过中期协调会，及时沟通和调整，各环节成果要有及时的反馈和指导，全员知悉整个流程，特别是核心成员，要对自己的工作部分在全局中的作用、全局是如何协同推进的做到了然于心。

3.2 活动彩排要"各就各位、查漏补缺"

第一次彩排做到物资、设备、人员到位，从操控台、中场、前台三个位置设场控，每个位置场控需再细分每个环节对应的负责人，并对关键角色搭配替补，做到层层把控的协作机制。抠细节、找定位、过流程，目的是暴露问题。二次彩排是针对一彩中的问题重点完善，从头到尾完整过一遍整体流程，目的是保证流畅性。第三次彩排是对重点环节进行彩排，简化串词，突出重点，确保万无一失。

3.3 活动现场要"随机应变、畅通沟通"

场控要眼观六路、耳听八方，保持实时沟通、随机应变、遇事不慌。如遇突发情况，要与主持人沟通，及时稳住局面和补救。

3.4 活动后期要"新鲜放送，复盘提升"

活动结束后要及时做好现场工作总结，并尽快对提前形成的新闻稿、音视频资料、图片等进行整合完善，并报指导老师审核。活动新闻需在 24 小时内发送青春泰山、学校官网等平台。

4. 经验提炼

4.1 想让观众有沉浸式体验

学生组织成立大会既要考虑到庞大的组织成员数量，也要兼顾每位成员的体验，可将各部门的合影照片、视频穿插进开场或串场视频中，在海报设计中体现每位成员的姓名，或通过主会场、分会场的形式保证全员参加，通过纪念品的设计、服装的统一等增强成员对学生组织的归属感。

4.2 协同合作要有机制保障，环节把控要能正向循环

学生组织成立大会所涉及的人员、物资、设备非常多，各环节要有明确的分工，要细化到人、落实到书面、进度把控要可视化、要畅通沟通反馈渠道。要有分组分工也要有互为替补的搭档，要对整个过程中需要交付的产品，包括 PPT、主持词、宣传品设计图、讲稿、新闻稿等各类素材明确对接审核的责任人。

4.3 打造活动特色，创造群体的记忆锚点

学生组织成立大会要体现淬炼商学院的学院特色和学生组织青春、奋进、担当的底色，这要渗透在宣传用品、纪念品、标语等各个环节中，以活动为载体去传达理念、彰显精神，做好价值引领。成立大会的合影照片或视频片段剪辑可做成青春纪念册分享，增强成员个体对集体的归属感。

活动精彩瞬间 1

活动精彩瞬间 2

案例15：书院"愿"师生集体生日会

（案例编写：马凯旋）

1. 活动总述

师生集体生日会是书院家文化呈现的重要项目，更是书院师生互动的特色平台，备受全校师生喜爱。一场高质量的生日会一定是有好的氛围、好的内容、好的互动的活动。"愿"师生集体生日会由书院部、教工之家主办，汶阳书院承办，以烛光晚宴为内容形式，在书院庭院里为师生带来一场别具一格的生日宴会。

2. 活动指南

2.1 主题动议

应根据"生日"这一核心关键词去呈现，彰显青春、校园、热闹的成长氛围，"愿"五月师生集体生日会，以"愿"为主题词，寓意祝愿、愿望、心愿等，从多个环节去呼应主题，进而达到全场的内容主题串联。

2.2 时间、空间

（1）在时间上应选择完满教育活动时间（周三、周五下午），要注意季节上的安排，比如春夏秋可以选择晚上时间；冬天天气寒冷，可移至室内或内外同时设置会场，以确保生日会的整体可行性。

（2）在空间上，要选择能容纳较多人数的场地。一般是书院庭院或者大型房间。也可以充分利用书院内外部道路、天台等进行多渠道串联，巧妙融合，扩大生日会现场的流动性及体验范围。

2.3 现场布置

生日会的布置是生日会的重要组成部分。要充分结合生日会主题主旨、流程设计进行现场场地的布置与打造，注重场景、各类装置的呈现，比如气球拱门、愿望树、鲜花墙等等。在场地分区上应设置主舞台区域、座席区域、观众区域及各个互动体验区域，从而更完整地呈现活动的最大场景化效果。

2.4　程序议程

生日会的程序应充满仪式性，从入场、入座，到观看、体验都需用心设计。以"愿"为主题，以流沙之愿、成长信愿、纸笔岁愿、温情心愿、生日如愿、烟火食愿为六个环节，进行串联，环环相扣，用心设计，无一不体现生日这"特别的一天"。

2.5　主体感知

生日会涉及多重角色，应充分在以下四个方面关照主体感知。

2.5.1　主角寿星

充分关照师生寿星群体的"被关注感"，所有环节应以寿星为中心辐射开展。

2.5.2　祝福人员

充分协调未到场及到场的寿星亲朋好友，以情感为基础，主打感情牌。

2.5.3　现场观众

充分关照观摩者的参与感，通过周边互动、游戏体验，与现场主题形成情感连接，达到情绪共生以及对活动产生共鸣的作用。

2.5.4　工作人员

充分关照工作人员的组织收尾工作，工作人员大多为学生，在完成应有任务后可以适当给予关照，统一奖励，如一块小蛋糕，以此增强学生干部的团队意识及家文化内核。

2.6　内容生产

2.6.1　活动前的人员调动

生日会活动前需要联动各方人员，进行活动环节的材料收集，在过程中，应主动传递活动主题、主旨，做好内容的产出与推广，以最清晰的方式呈现和总结内容。尤其是祝福视频可以突破固有形式，进行云端联动，形成生日会现场独特的祝福。

2.6.2　活动环节的人员把控

本次生日会主舞台流程虽较为简单，大多集中在寿星座席区域。因此，各环节的衔接、引导和呈现极为重要。要确定每个环节的工作人员，并做好流动性分配，确保各个环节的内容、环节流程无误。

2.6.3 现场文案的运用及表达

以"愿"为主题的生日会，应围绕主题将"愿"这一核心字眼醒目、用心呈现，例如在主 KT 板设置"愿"望签到墙，通过迎宾牌、手卡等方式进一步推广主题，促进内容互动。

2.7 视觉传达

（1）在场景搭建上，分为入场区、座席区、主舞台区及服务区，分别用地毯、长桌、主视觉墙进行组合，形成"T"字形场景路线，既保证了寿星的中心位置，又有开放性，便于互动。

（2）在视觉宣传上，以烛光橘为主题色，设计全视觉印象。充分以生日会特点，分区呈现，重点呈现，通过迎宾牌、流沙框进行迎宾，通过生日贺卡、主视觉气球墙、童年照片墙进行中心氛围的营造，时刻突显生日的气息。

2.8 宣传推广

从活动前信息收集、活动中亮点抓取、活动后广大宣传三方面做好生日会的宣传推广：

（1）活动前应做好寿星信息与祝福视频的收集工作，充分结合主题，进行内容推送，以促进活动的整体宣传性与认知度。

（2）活动中要保证每个环节的新闻点，图片视频拍摄既要"顾全大局"，又应"聚焦细节"，对于生日会，每一个人的情绪和感知都应是宣传的重要组成部分。因此，活动现场，宣传人员一定要了解流程及场景布置，抓取角度，记录感悟，以最真实的视角宣传活动。

（3）活动后要第一时间进行各类新闻材料的梳理，包括文字、图片、视频等，要保证文字材料与图像材料同步输出并呈现。在稿件输出时，也要注意活动吸睛点的推广。例如，通过"西餐、牛排、红酒"等字眼，达到亮点效应。此外，稿件应在 24 小时内完成并上传官网，发布校外媒体等。

2.9 总结提升

生日会可以在结尾采取随机采访的形式收集寿星意见，在活动结束后组织学生团队对所有流程的梳理及反馈，以发现问题、总结亮点、梳理经验等，并形成文字汇报以备下次参考。

2.10 反馈评价

活动结束后随机收集寿星及观众的评价，从多角度得到活动的各方面反馈，从而为下次生日会的"质量进阶"做好基础。

2.11 防坑提示

（1）一定不要冷落寿星，应充分照顾到每一位寿星，让寿星成为"主角"。

（2）一定不要冷落观众，每个活动都有观摩者，周边同学的体验，也代表着书院活动影响力，因此要有互动、观摩的现场效应，增强学子对于书院的认同感。

（3）不是场面越大越好，小而精的微场景布置或许更能直击人心。

（4）不是流程越复杂越好，而是依托主题，达到生日祝福的目的与体验。

（5）不是有吃有喝才是生日会，一份礼物，一次交谈，一个视频，一朵花束，同样达到惊喜的目的。

3. 活动执行图及解读

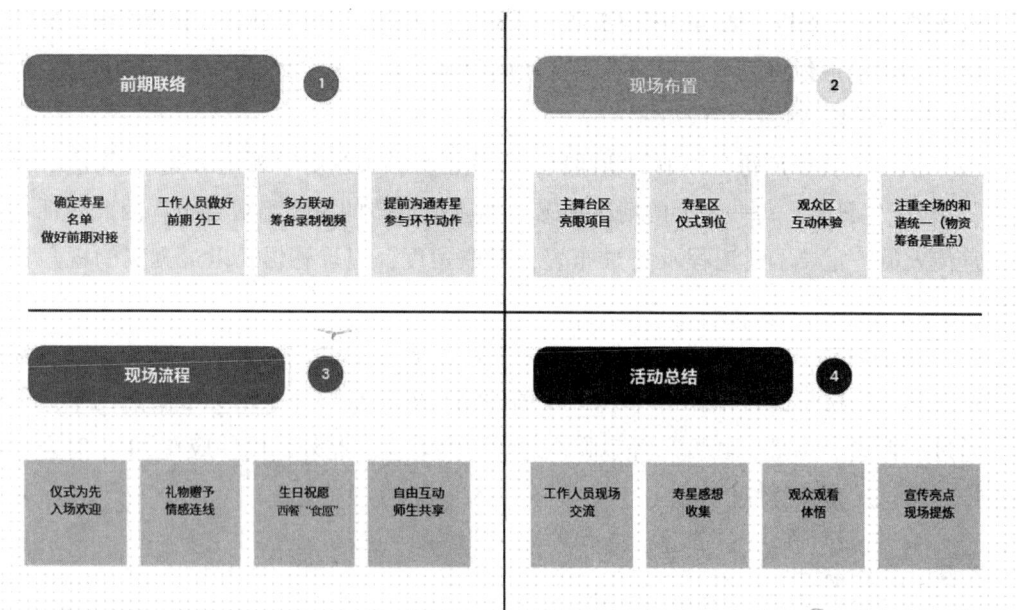

下面为执行流程解读。

生日会活动共分为前期筹备、现场布置、活动现场、后期宣传四个环节。

3.1 联系寿星要"多方联动"

师生寿星名单要提前确定，如有需寿星提前准备的环节应尽早沟通。祝福视频录制时应多方沟通，比如家人、辅导员、舍友等，形成合力，共同制造视频惊喜。此外要注意控制时间节点，根据人员分工定期召开工作筹备进度交流会，以便及时协调，掌握工作筹备进度。

3.2 现场布置要"多次覆盖"

生日会现场设计场域范围较广，应提前设计布置，首先应有场地布置示意图，其次要分区到人，清点物资。在活动开始前一天或者半天进行场地布置，从宣传品、桌椅等大件物资再到小物件，都要充分覆盖，以保证生日会物资在空间、时间上的精准放置。如果有食品等物资，要注意把握食品的新鲜度，确定专人提前沟通，确定取货时间。

3.3 现场流程要"全程连贯"

生日会分为特定流程及自由体验两大部分，因此流程性环节务必确保万无一失，尤其是与寿星互动中要避免失误。其次是音控部分应根据流程实时播放音乐，如有需要，可以全程切换烘托。开始前应进行全程彩排，第一时间查漏补缺，彩排时各环节工作人员应全程跟进。

3.4 活动结束要"收集素材"

活动现场应随时记录动态，包括场景、人物、周边等各方因素，并通过采访、对话的方式记录各个角色的参与体验，在活动结束的第一时间进行梳理、整合、挑选，确保素材真实、有感。

4. 经验提炼

4.1 让"情感加持"成为生日会的成功"筹码"

"愿"5月师生生日会前期，在寿星不知情的情况下，提前联系每位寿星的亲人及朋友录制祝福视频，亲情、友情、爱情瞬时成了生日会的温情大放送。生日的本身就是情感的祝福，来自书院，来自身边的每个人。因此，把"情感点"融入生日会，是生日会成功与否的关键因素。

4.2 让"氛围元素"成为生日会的主流"互动"

生日会一定是喜乐的、欢快的。场景氛围的搭建，也会让寿星第一时间融入现场。要充分发挥空间场域作用，通过各类打卡装置、气球拱门、鲜花铺路等氛围进行外部呈现。此外，也要充分利用这些场景"时刻互动"，让寿星在现场任意角落都能"即时体验"，这样，从一定程度也能减少流程化的烦琐。

4.3 让"寿星人物"成为生日会的核心"角色"

生日会的目的是为寿星庆生，因此所有环节与流程都应以寿星为核心，让寿星时刻感受到生日的祝福。在固定流程外设置机动人员，与寿星"随时互动"，比如赠送一束"陌生人送的鲜花"、一个"温情的拥抱"等惊喜环节，以此增加寿星在生日会现场的主角光环，提高寿星的"被关注感"，让这一天成为寿星心中"最特别、难忘的一天"，也汇聚成为书院里的温暖日子。

活动精彩瞬间 1

活动精彩瞬间 2

第七节 竞赛比拼类学生活动类型指南

概 述

竞赛比拼类活动主要指观摩加体验的双重参与的类型活动。常见的为艺术实践、竞技体育模块的相关赛事及依托高校特色的专家报告讲座等活动。常见的竞赛比拼类活动案例有泰山杯系列体育赛事等活动。竞赛比拼类活动一般是以观摩为主、互动为辅的运行形式，并从一定程度上呈现出较为专业的特点。组织方在组织竞赛比拼类活动时，既要充分考虑活动全过程的组织和动员，又应把现场观看效果和活动体验纳入竞赛比拼类活动的整体评价中，从社群性与互动性要素出发，达到活动整体的"集体认同感"。在活动形式较为丰富的活动中，要注重竞赛比拼类活动的"核心环节"，通过有效创新的方式彰显主题风格，制造活动现场"高潮效应"，从而让现场氛围达到高度统一。

案例16："音岳之声"校园合唱大赛

（案例编写：马凯旋）

1. 活动总述

合唱大赛是学校重要的艺术实践活动之一，也是提升各参赛学院（书院）凝聚力和向心力的有效路径，如何让学生在参与中真心体验成长、享受比赛过程，作为组织方，需要在各个方面下足功夫，充分筹备。

2. 活动指南

2.1 主题动议

应选择青春、校园、热闹、时尚的主题，比如"氧气青春""音浪与理想"等，从而彰显主题的风格统一性；也可以结合当下热点、围绕学校发展阶段去思考设计，总之主题应该是贯穿整体比赛活动的全过程，并让人眼前一亮。

2.2 时间、空间

（1）在时间上充分关照学生的课程安排，可以考虑周三、周五下午或者周一到周日晚上，亦可以和重大节日、纪念日等相结合，突出主题元素，达到情绪共生。

（2）在空间上，尽可能突显学校特色和观众互动。除了剧场以外，还可以考虑如下场地：书院草坪、书院中庭、体育公园、右岸湖畔、运动场、图书馆北门台阶（临泉广场）等户外空间。通过与空间的有机融合，呈现合唱舞台的多样变化，从而发挥场域育人效应。

2.3 现场布置

通过 KT 板、龙门架、门型海报、彩色条幅等宣传类物料进行一体化布置，利用美陈装置等场景化设计，去营造整体的、沉浸式的现场布置。比如"氧气青春"这一主题，可以在校内草坪以绿色为主色调，通过植物展台、氢气球、花园美陈等全氛围打造出"氧气"的生动与呼吸，让比赛现场与校园环境有机融合。

2.4 程序议程

合唱比赛在除了开场、赛事过程、评委点评、颁奖等环节外，可以通过如下方式丰富活动流程：视频穿插、嘉宾表演、各代表队排练历程回顾等。在各流程的串联与衔接上，通过篇章方式引入流程，紧扣比赛主题要素。

2.5 主体感知

作为各学院、各书院组队参与的集体艺术实践活动，应充分在以下几个方面关照主体感知：

（1）各代表队（学院/书院）风采展示，通过宣传卡、宣传架、电子屏等媒介进行多角度现场呈现。

（2）各代表队支持者的情绪引导，通过条幅、KT 版、口号、手机灯光、拍手器、随机和声等形式进行。

（3）其他现场观众的感知引导，通过观众互动、鲜花投票、新媒体互动等多样引导。

（4）参赛者的体验引导，在主持词、评委点评、赛后合影、及时总结等方面进行鼓励。

2.6 内容生产

从以下角度做好内容生产：

（1）赛事推进过程中的细节管理，比赛现场要充分把控主持词、评分表、流程 PPT、视频篇章等各方面的输出质量。

（2）参赛作品的质量提升，比如多首歌曲的副歌剪辑形成新的歌曲组合进行排练参赛，合唱的难度与分部提升，着装与色彩，其他队伍元素的创意。

（3）现场文案的创意表达和呈现，围绕主题以互动性、全新、潮流性的语言做好比赛全过程的文案输出工作。例如在"氧气青春"的主题基础上呈现"制氧计划""制燥青春"等标示性语言或口号，形成本届合唱比赛的"独有文案"。

2.7 视觉传达

（1）在活动视觉传达上，应根据合唱主题，确定符合比赛氛围的主题色，以青春、潮流、前沿为风格，进行场景的覆盖，以及现场视觉的设计碰撞，从而呈现较为和谐的视觉效应。

（2）在宣传物料类别上，应尽可能全面地覆盖，比如在邀请函、迎宾架、风采展、手牌手卡上分别呈现整体的主题视觉，以达到整场活动的呼应性和仪式感。

2.8 宣传推广

从赛前、赛中、赛后做好宣传推广。

（1）赛前应做好合唱比赛的提前预热，突显比赛主题，注重各参赛队伍的文化展示。通过较为吸睛的方式进行线上线下双重宣传，比如，通过书院电视、户外喷绘等具体形式来展示。

（2）赛中在做好活动场景营造的同时，比赛过程中将比赛资料留存，全方位、多角度呈现比赛全过程。要敢于抓取活动精彩部分，例如获奖时刻、共情时刻、拥抱时刻等画面。

（3）赛后要第一时间进行各类新闻材料的梳理，包括文字、图片、视频等。新闻稿的题目也要充分结合主题元素，呈现比赛亮点，例如"青春有氧，草地上的校园合声你听到了吗"。稿件输出应在 24 小时内完成并上传官网以及校外媒体发布等。

2.9 总结提升

合唱比赛结束后应第一时间召集老师和学生团队做现场总结复盘，针对活动优点和不足全盘梳理，并整理成材料，进行留存；也要记得拍一张大合照，纪念学生组织的每一次成长。

2.10 反馈评价

赛后收集各学院及各角色学生的评价，在现场设置"活动留言墙"等，并汇总整理，从评价中得到对于活动整体的总结启发，以备下次合唱大赛组织工作中进行参考。

2.11 防坑提示

（1）不是演唱难度越高就越好，而应是从团队的总体风貌、主题新颖、歌曲表达、现场氛围灯等多方面综合考量。

（2）不仅要将观众组织到位，更应关注观众的反应、互动程度和参与程度。

（3）不是走完赛事流程就 OK，除了开场、比赛、颁奖外，还可以设计更多惊喜、欣喜环节，比如排练故事、嘉宾演出、结尾彩蛋等。

（4）不是颁完奖总结完就 OK，应重视合唱比赛带来的团队荣誉、团队激励，比如团队负责人的鼓励、拍照、分享留念等都很有必要。

（5）其他提示事项：到第三个参赛节目结束后再开始收取评委分数，以便评委有比较；计算分数最好用两台笔记本同时运转；设置机动气氛组；提前确定领奖代表到后场；注意观众对比赛结果的反馈并及时评估现场情况。

3. 活动执行图及解读

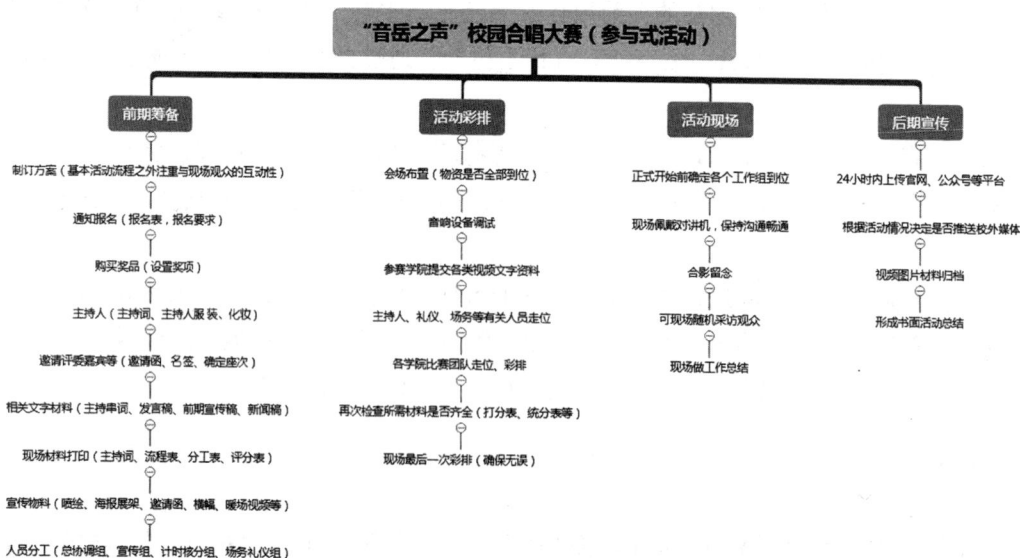

下面为执行流程解读。

活动共分为前期筹备、活动彩排、活动现场、后期宣传四个环节。

3.1　前期筹备要"面面俱到"

合唱比赛是在组织方组织下需各学院参赛的集体性赛事，在前期筹备时，首先确定具体执行方案并及时全面的解读、安排各项分工，其次要做好前期沟通、收集类工作，以保证各个环节的流畅性（如有天气、场地等不确定因素，应做好 B 方案的制订工作）。

3.2　活动彩排要"查漏补缺"

活动彩排一般在前一天或当天进行，彩排要完全、全面的演练现场布置及流程，在彩排过程中及时查漏补缺、改进不妥，以保证正式活动的平稳运行。

3.3　活动现场要"随机应变"

活动开始前 5 分钟要再次确认各个分工小组的准备情况，现场应佩戴对讲机，以保障特殊情况发生后，及时有效沟通。若有意外情况发生，也应在不影响活动正常进行的基础上灵活处理。

3.4　活动后期要"充分推广"

活动结束后要及时做好现场工作总结，并尽快收集活动相关图文、视频资料。活动新闻需在 24 小时内发送青春泰山、学校官网等平台，宣传时也要注意主题的突出以及新闻亮点的挖掘。

4. 经验提炼

4.1　创新形式、融合突破，塑成合唱的"基本形态"

在主题制订上，选取时下热点和学生密切关注的方向；在曲目呈现上，可适当融入青年元素和学生喜好，鼓励改编或原创，甚至是通过乐器演奏、舞蹈融入等多种形式进行创新融合，包括队形、走位的创新；在环节设计上，尽可能新颖、多元，打破传统，运用复活赛、抢位赛等新形式，加强比赛互动；在舞台效果上，鼓励学院在做好规定动作的基础上，增加自选动作以及现场舞美的设计。

4.2　培训前置、指导为先，呈现合唱的"重点内容"

建立专业艺术教师、骨干艺术学生等"一对一"帮扶机制，将培训贯穿赛前准备的所有环节。从选择曲目开始，再到合唱内容、合唱主题、合唱形式、合唱学习、练习方法、乐器伴奏、舞台表演、实践经验、节目主持等方面全面指导学生进行有序学习。

4.3　荣誉呈现，营造共情，形成合唱的"获得效应"

合唱比赛是校级艺术板块的重要赛事，也是展现学院风貌的重要艺术平台，鼓励参赛团队统一着装（彰显本团队文化）、现场设置拉拉队阵营等。其次要在荣誉颁发及后期荣誉宣传上用心设计，通过荣誉奖杯、荣誉旗帜等提高集体荣誉感的同时，也提升参赛选手的个人成长意识。

活动精彩瞬间 1

活动精彩瞬间 2

案例 17：大数据学院"热血青年"班团篮球选拔赛

（案例编写：任家兴）

1. 活动总述

班团篮球赛是各学院竞技体育基层活力提升的重要途径，比赛一般在新生入校后，"泰山杯"篮球联赛前组织开展。比赛承担着各学院项目普及、团队凝聚、梯队建设等作用，帮助新生尽快适应新集体，同时完成学院运动队的人才选拔及校级赛事备战训练。

2. 活动指南

2.1 主题动议

应选择活力、团结、阳光的主题，同时需要与比赛所包含的项目普及、梯队选拔、团队凝聚力等内涵所契合；同时也可以结合 9 月份新生入校的特殊时间点，呈现和营造迎新氛围，为新生带来归属感，让新生感受家文化。

2.2 时间空间

主要根据裁判员数量、场地数量、参赛队伍等客观条件综合考虑，进行竞赛编排。

（1）校内一般采用"单循环+交叉淘汰赛"的赛制。单循环一般采用"逆时针轮转方法"编排，赛程表至少应体现对阵双方、比赛时间、比赛场地。如遇赛程紧张，需压缩赛程，则可选择"单败淘汰赛"赛制，以减少比赛场次。

（2）在时间上，结合开赛前热身，比赛结束后整理放松等因素，每场篮球赛约需 1.5 小时，考虑学校课程时间安排，建议比赛安排在 12：00 或周三、周五下午。

（3）在空间上，首先考虑场地安全性和设备状态，其次尽量选择观赛区域较大的场地，提供更好的观赛体验，营造浓厚的赛事氛围。

2.3 现场布置

现场布置主要从竞赛规范和氛围营造两方面考虑，在确保场地布置满足竞赛标准的前提下，可进行一定的班团文化展示。

（1）竞赛规范上，除维护好如地面、篮架、篮筐、篮网等比赛基本要素外，还需布置和规划清晰的缓冲区、工作区、球员席、观众席等区域，并保证各区域独立使用，互不交叉。

（2）氛围营造上，主要体现在各自观众席中。可在现场区分和规划主客队观赛区，并由各班团干部牵头完成如条幅、应援牌、大鼓等物料的布置。

2.4 程序议程

一场完整的篮球赛事包含通知发布、报名审核、工作准备、赛事执行、赛事收尾等环节，各环节在比赛全过程紧密衔接，确保赛事公平顺利推进。

2.4.1 通知发布

在赛前一个月，根据比赛规模、比赛时间、场地数量等情况，拟定和发布比赛竞赛规程，明确赛事相关安排并指导各班团开展报名备赛。竞赛规程内容至少应包含比赛时间、报名方式、参赛资格、队伍要求、比赛赛制、奖项确定、特殊规定等内容。

2.4.2 报名审核

组委会根据竞赛规程中所要求的参赛条件，审查各班团提交的报名材料。审查主要包含队伍人数及组成、运动员信息、球员号码、赛服样式等。

2.4.3 工作准备

主要完成比赛物资、裁判员培训、工作人员培训、开闭幕式筹备等工作。

2.4.4 开赛仪式

加强赛事的仪式教育，比赛全体成员均需参与开赛仪式。仪式至少包含奏唱国歌、赛事简介、运动员宣誓、裁判员宣誓等基本环节，视情况可安排文艺表演和风采展示。

2.4.5 赛事执行

赛前 1 小时，完成场地布置及检查。赛前 30 分钟，参赛队伍到位，并作热身准备。赛前 20 分钟，裁判组准备完毕，并进行检录。赛前 5 分钟，进行比赛宣告。工作组负责人、技术代表、主裁判确认无误后，比赛正式开始。比赛结束后，记录台需及时封表，裁判员和双方教练员签字确认比赛结果。工作人员在醒目位置放置比赛结果公示栏，并及时更新比赛结果。

2.4.6 赛事收尾

最后一场赛事结束后，进行现场颁奖仪式，需由比赛裁判长宣读比赛结果后，为获奖团体和个人颁奖。根据比赛结果，编制比赛成绩册。根据报名表和工作安排表，审核录入学生完满教育积分。根据成绩册印制获奖证书，并及时发放。比赛资料要存档，一般包含通知文件、报名表、记录表、秩序册、成绩册等。

2.5 主体感知

作为各班团参与的团体性竞技体育赛事，应充分在三个方面关照主题感知：

（1）各班团设计如口号、Logo、主题色等具备团体特色的"符号"，在比赛现场呈现各自文化特点，形成团体效应，引起团体成员共鸣。

（2）做好各班团成员的分工，设计保障组、应援组、陪练组等角色，将"参与者"概念放大到班团每一位成员身上，以不同身份和角度感知比赛。

（3）注重赛事专业规范性，为普通学生提供高质量的竞赛体验。

2.6 内容生产

紧扣基层赛事基本任务，从以下角度做好内容生产。

（1）梯队培养：通过基层赛事对抗，完成院队选拔、裁判培养、工作人员培养等各类学生团队的补充和提升工作。

（2）团队凝聚：通过团队竞赛形式，进一步提高班团凝聚力和集体荣誉感。

（3）精神培养：通过竞技对抗，磨砺学生意志，培养学生的团结协作精神和坚韧品格。

2.7 视觉传达

组委会方面，在各类宣传物料和场地布置上，使用统一的主题色、Logo、主题文字等内容，在视觉上产生赛事品牌效应。运动员、裁判员、工作人员等角色，各自拥有统一的服装（装备），从视觉上传递赛事的专业性和规范性。

2.8 宣传推广

（1）赛前拍摄各队伍形象照，制作包含班团名称、口号、队员名字、合照的预热海报。

（2）赛中新闻宣传稿件一般使用"1+N+1"的模式，即 1 篇开赛稿，N 篇每日赛报，1 篇完赛稿。

（3）赛后使用比赛素材制作回顾视频和各类优秀海报。

2.9 总结提升

（1）各工作组负责人，组织工作人员从场地管理、后勤保障、意见投诉等方面总结并做好次日工作安排。

（2）技术代表和裁判长，组织当值裁判员要执裁回顾，梳理和调整执裁过程中出现的问题。

2.10　反馈评价

每日赛后，赛事负责人应主动对接裁判组、工作组、各领队收集反馈和建议，针对具体问题进行及时协调和解决。

2.11　防坑提示

（1）意外保险一定要检查：体育赛事具有一定的风险，运动员参赛必须购买保险。赛前除了需要检查是否购买保险以外，还需检查保险的范围是否包括"篮球比赛"，比赛时间是否在保险的有限期内。

（2）特殊规定一定要注明：根据赛事情况而特别制订的规则，务必在竞赛规程中注明，以免在比赛中引起争议。

（3）比赛场地一定要维护：为了保证赛事安全稳定开展，工作组需要在每日赛前对场地进行检查与维护，如地面、篮架、篮网等。

（4）负责老师一定要到场：篮球赛事具有较强的对抗性，比赛过程中可能出现球员情绪激动和意外受伤等情况，负责老师需要现场跟进比赛，做好球员情绪疏导和应急处置等工作。

3. 活动执行图及解读

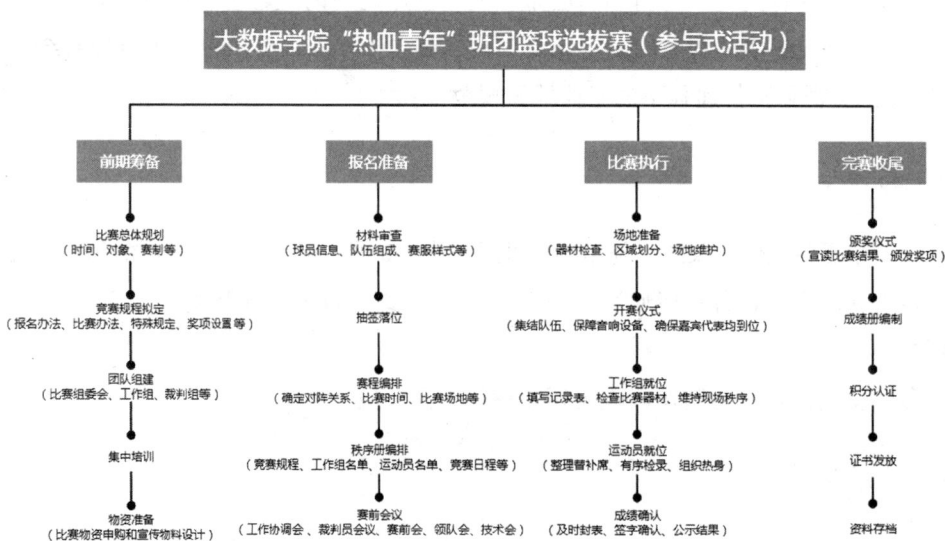

大数据学院"热血青年"班团篮球选拔赛（参与式活动）

前期筹备	报名准备	比赛执行	完赛收尾
比赛总体规划 （时间、对象、赛制等）	材料审查 （球员信息、队伍组成、赛服样式等）	场地准备 （器材检查、区域划分、场地维护）	颁奖仪式 （宣读比赛结果、颁发奖项）
竞赛规程拟定 （报名办法、比赛办法、特殊规定、奖项设置等）	抽签落位	开赛仪式 （集结队伍、保障音响设备、确保嘉宾代表均到位）	成绩册编制
团队组建 （比赛组委会、工作组、裁判组等）	赛程编排 （确定对阵关系、比赛时间、比赛场地等）	工作组就位 （填写记录表、检查比赛器材、维持现场秩序）	积分认证
集中培训	秩序册编排 （竞赛规程、工作组名单、运动员名单、竞赛日程等）	运动员就位 （整理替补席、有序检录、组织热身）	证书发放
物资准备 （比赛物资申购和宣传物料设计）	赛前会议 （工作协调会、裁判员会议、赛前会、领队会、技术会）	成绩确认 （及时封表、签字确认、公示结果）	资料存档

下面为执行流程解读。

活动共分为前期筹备、报名准备、比赛执行、完赛收尾四个环节。

3.1 前期筹备要"量体裁衣"

篮球赛事具有活动周期长、场次安排密、工作人员多等特点。在筹备阶段，组织方要根据自身情况和总体安排，充分评估和计划好比赛规模、比赛赛制、组队方式内容，避免因比赛规模计算失误导致时间、场地、人员不足。

3.2 报名准备要"细致到位"

本阶段涉及大量的信息校对工作，报名材料需要严格按照竞赛规程的要求仔细审核，赛程及秩序册的编排需要按照标准编排方式进行，赛前各类会议需要扎实到位的传递和互通比赛相关信息，讲明注意事项及流程规范。

3.3 比赛执行要"紧密衔接"

每场比赛都有固定节奏（工作流程），工作人员、裁判员、运动员需要严格按照自己的角色完成本职工作。每一个工作环节都是"上下衔接"，顺序的颠倒，将可能导致中断比赛或缺失公平性。

3.4 完赛收尾要"严谨客观"

比赛结束不代表活动完结，赛后涉及奖项记录、积分认证、证书印制等关乎同学们切身利益的工作，需要严谨确认比赛结果和运动员信息。资料归档过程中客观检查材料，存疑材料不得糊弄搪塞。

4. 经验提炼

4.1 提炼竞赛内涵，注重精神培育

篮球赛事表面上追求的是胜负，但在校园环境下，不能脱离教育的意义和目的。在赛事组织过程中，更重要的是把比赛作为一次生动的实践课程，正确引导和教育学生。

4.1.1 规则意识

竞技体育赛事都有严格的规则，运动员只有在遵守规则的前提下，才能发挥自己最大

的能力。当学生因违反规则受到判罚时，应教育学生尊重规则，引导学生成为讲原则、明事理、有底线的运动员。

4.1.2 拼搏精神

失败受挫时，正确疏导学生情绪，引导学生勇敢面对、总结经验、寻找办法。培养学生胜不骄败不馁，敢于直面挑战的拼搏精神。并在比赛中营造良好的竞争氛围。在他人犯错时，学会鼓励与包容。

4.2 搭建培养体系，助力队伍发展

与班团篮球赛配套搭建"体育+技能"的学生队伍培养体系，进一步扩大"参加者"的身份概念，为赛事中不同分工的学生设置专属成长目标。借助班团篮球赛平台，开展如院队选拔备战、学生裁判培训班、学生团队技能培训等学生队伍建设和发展工作。

4.3 凝聚团队文化，助力班团建设

在比赛期间鼓励和支持各班团进行团队文化产品设计，并在赛场中规划文化展示区域。同时在比赛过程中，划分各班团专属球迷区，并准备应援道具。鼓励和引导学生为自己的班团运动队加油喝彩，在团体性对抗的体育项目中产生集体共鸣，加强基层班团凝聚力和家文化建设。

活动精彩瞬间 1

活动精彩瞬间 2

案例 18：翰墨飘香，点"染"青春校园书画征集大赛

（案例编写：贾纫秋）

1. 活动总述

逸雅堂国画工坊作为书院项目工坊，组织的校园书画大赛是书院学院互联的重要的师生互动参与的艺术实践活动之一，同时为喜爱书法的同学提供一个宽广的展示平台，使他们更快地融入校园的传统文化氛围之中。学生完成比赛要求的目标任务，即可得到相应的奖励和展现机会，其优秀作品可在书院展出，让浓郁的书画文化气息氤氲泰科校园。

2. 活动指南

2.1 主题动议

书画作为传统文化传承、个人情感抒发载体之一，应选择既能体现悠久中华传统风采又符合现代校园青春氛围的主题，同时也要考虑结合项目工坊所在书院的领导力、围绕当下学校学期学年发展重点去设计主题。

2.2 时间、空间

（1）在时间上，可根据学生课表安排，活动开展时间尽量考虑周三、周五下午的完满活动时间或者周一到周日的晚上，同时也可根据活动进程和主题特色结合相关传统节日、纪念活动等突显活动主旨，达到共鸣效果。

（2）在空间上，作为书院工坊项目产出的征集类活动赛事，前期征集环节以及自主练习环节尽可能在具备相应书画工具、开展书画练习的安静宽敞书画室内进行，尽可能加强书院特色工坊与师生间的互动，在后期评选颁奖以及展览环节，可以考虑：剧场、书院草坪、书院庭院、图书馆等宽阔无风避光空间，在展览的同时保证参展作品的保存完好性。通过与空间的融合，达到书画所想要呈现出的悠扬静谧的浓墨文化风采，突显书院工坊活力产出与场域育人相结合的双重效益。

2.3　现场布置

根据书画大赛活动流程以及开展周期，开赛及备赛期间通过 KT 板、喷绘、彩色条幅以及工坊师生作品等宣传类物料进行长期布置展示，针对书画大赛的传统文化特性可以考虑以工坊指导老师以及学生所属学院的作品展示的形式，在展示工坊丰厚内涵的同时达到书院、学院的有机结合。

2.4　程序议程

书画大赛流程包括开赛仪式、师生自主练习及作品提交环节（一周）、专业老师指导点评、评选颁奖、作品展览，除此以外可以基于书院家文化特色，结合所在书院——汶阳书院领导力元素，可以通过书画作品视频播放、国风歌舞表演、书画文化有奖知识竞猜互动游戏、专业书画小技巧、微课堂等方式丰富大赛流程。

2.5　主体感知

2.5.1　各参赛师生的作品及风采展示

在大赛展示环节对于参赛作品的名称、书画类别、参赛人员所属学院书院及部门进行标注，作品的展示需根据书画类别、色彩风格分区展示。

2.5.2　参赛者的体验引导

针对备赛期间参赛师生作品练习，对于作品内涵和情感抒发有独特解读，可以在流程中突出参赛者作品的解读环节，包括绘画作品的色彩搭配、意境描述以及情感输出，书法作品的字体选择、内容表达等，让各参赛师生相互聆听，从而提升多方参与主体情绪共鸣。

2.5.3　各参赛选手应援及亲友团、评委的情绪引导

颁奖环节通过获奖选手发言等形式，对于作品的深刻解读以及对书画文化的理解等，加强现场投票人员以及评委对于参赛作品的认同感。

2.5.4　观摩者及参展人员的感知引导

展览环节通过多样化的国风文创产品、书画领域领军人物创作视频、现场工坊指导老师及相关学院专业老师创作环节，增强展览的互动性和趣味性。

2.6 内容生产

（1）赛前准备过程中，对于物品的筹备以及评委老师的确认、奖项及评分细则设置上的细节把控。

（2）赛事推进过程中要注重流程的推进，比赛期间对于开赛仪式主持词、流程细节、视频 PPT 以及宣传文稿等各方面的输出质量，同时在选手自行练习的一周时间内，做好大学生记者团的全程跟踪采访报道和持续性宣传，保持比赛热度；在评分展览流程中对于作品评优和评委评分方面做好细节管理。

（3）展览作品要求既要有数量又要有保证比赛要求、体现比赛水平的质量。

（4）颁奖现场的主题呈现。既要围绕书画比赛风格特点，又要有对于书院工坊活力输出的体现。比如在汶阳书院潮流鉴赏力的基础上，增添些色彩碰撞的现场布置风格，基于书院平台，做好与书院共同的宣传工作。

（5）优秀参展作品与展览现场的色彩碰撞、风格搭配及创意文案的呈现。

2.7 视觉传达

（1）根据书画主题，确定符合比赛氛围的主题色，比如淡雅墨绿色等，以青春、含蓄温婉为风格，进行布场以及现场色彩风格的视觉碰撞。

（2）在宣传物料类别上，应尽可能全面地覆盖，比如在邀请函、迎宾架、签到板、风采展、席签、手牌手卡上尽可能体现书画大赛的传统文化浓厚的内涵特色，可以选择国风或典雅浓厚的风格分别呈现整体的主题视觉，以达到整场活动的呼应性和仪式感。

2.8 宣传推广

从赛前、赛中、赛后做好宣传推广：

（1）赛前做好书画比赛的宣传预热，可以通过线上线下形式相结合，比如抖音、QQ、学院学生社团组织、发放比赛文创物品，也可借助书院平台，通过书院电视宣传、喷绘展示等方式预热。

（2）赛中，在做好活动场景营造和书画练习房间日常书画用品维护、供应的基础上，要进行参赛选手作品的留存和对于作品内涵的价值传递，通过全方位多角度的视频或照片的记录呈现比赛全过程；在颁奖环节做好活动细节的捕捉，包括领奖环节、发言等；在展览环节同样做好对于参观者状态的展示，尽可能多的达到感知的氛围营造效果。

（3）赛后要第一时间梳理各类新闻材料，包括文字、图片、视频等。

2.9 总结提升

书画比赛活动结束后，首先书院项目工坊指导老师和工坊负责学生应第一时间对于本次活动的作品征集质量和比赛流程、评分等总结整理，并对优秀参赛作品做好保存工作；其次所在书院学生干部及指导老师对于活动开展现场总结复盘，针对比赛中人员工坊对接、活动中存在的问题和突发变动归纳整理，对于活动效果、不足、改进措施和总结进行书面梳理并留存，为接下来活动赛事的开展总结经验。

2.10 反馈评价

赛后展览结束后收集各学院、书院及参赛师生及观赛学生的反馈，既包括对于展览作品的专业评价也包括对于比赛流程设置、评分细则等的反馈等，也可在活动现场设置专门的建议留言板，并对其进行总结，从中凝练活动存在的潜在不足，以在接下来的活动赛事开展中扬长避短。

2.11 防坑提示

2.11.1 作品质量、风格、导向避坑

不是所有作品主题风格、构思想法等都符合比赛作品要求，也不是所有参与提交审核的作品创作水平都可以达到比赛要求的一般标准和参展标准；在前期悠学派作品征集环节严格按照比赛作品上传要求和标准进行审核；其次在选手自主进工坊练习环节，指导老师进书院指导应严格遵循比赛风格和主题要求引导参赛选手的创作方向。

2.11.2 比赛评判细则划分、专业师生评委个性化评审避坑

不是评委对于自身审美导向的个性化趋向进行评判作品，也不是机械化根据评分表各部分比例进行生硬打分；首先在评分细则上对于作品各方面评选的比例做好把控，尽量对于每个板块做好细致详尽的划分，比如绘画作品的色彩碰撞、风格搭配、主题呼应，书法作品的笔画线条、字体结构、章法布局等。其次评委根据作品的总体综合由整体到部分地对作品进行评分。

2.11.3 比赛任务型实现形式避坑

不是刻板进入工坊练习打卡、走完比赛流程就可以获得比赛最后相应的等量价值，也不是颁完奖展览结束就算完成任务；参赛师生在比赛全过程中不仅是在完成比赛规定的流程任务，还应从中获得艺术技艺或水平的提升和审美价值的熏陶，因此要体现活动比赛中

的互动参与感，使参与主体在参与中完成任务，而不是在完成任务中被动参与。

3. 活动执行图及解读

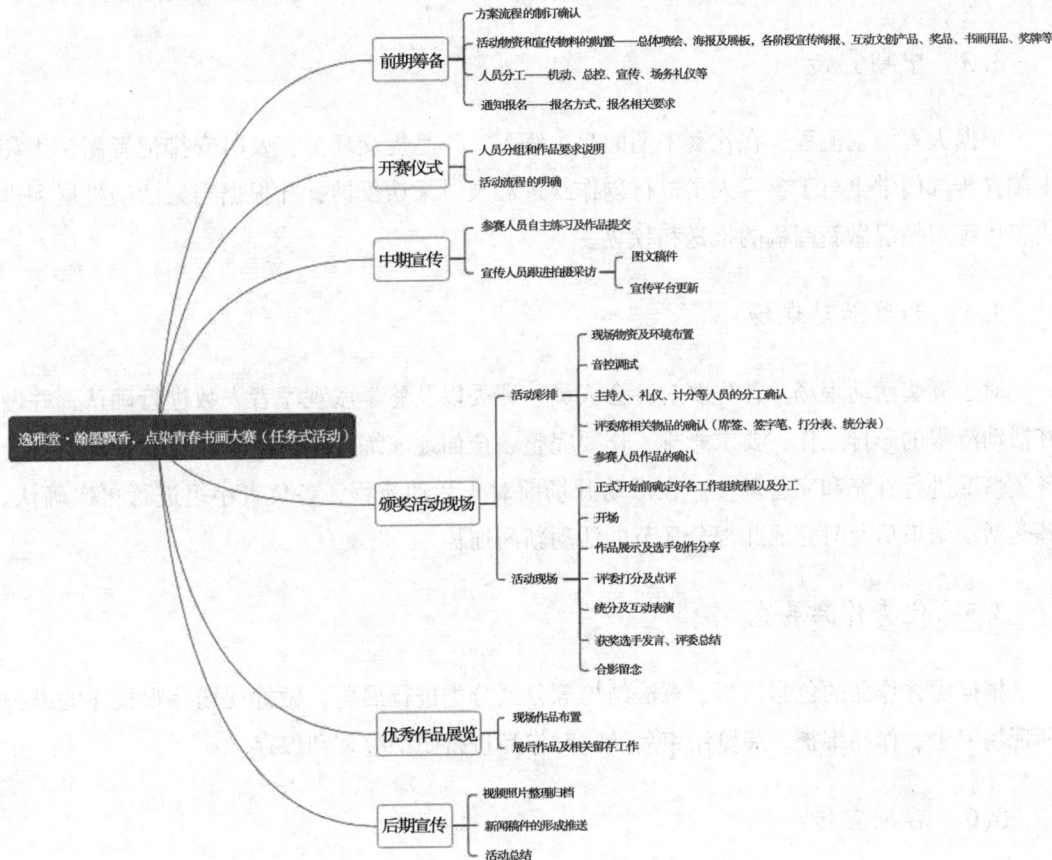

前期筹备
— 方案流程的制订确认
— 活动物资和宣传物料的购置——总体喷绘、海报及展板，各阶段宣传海报、互动文创产品、奖品、书画用品、奖牌等
— 人员分工——机动、总控、宣传、场务礼仪等
— 通知报名——报名方式、报名相关要求

开赛仪式
— 人员分组和作品要求说明
— 活动流程的明确

中期宣传
— 参赛人员自主练习及作品提交
— 宣传人员跟进拍摄采访
　　— 图文稿件
　　— 宣传平台更新

逸雅堂·翰墨飘香，点染青春书画大赛（任务式活动）

颁奖活动现场
— 活动彩排
　　— 现场物资及环境布置
　　— 音控调试
　　— 主持人、礼仪、计分等人员的分工确认
　　— 评委席相关物品的确认（席签、签字笔、打分表、统分表）
　　— 参赛人员作品的确认
— 活动现场
　　— 正式开始前确定好各工作组流程以及分工
　　— 开场
　　— 作品展示及选手创作分享
　　— 评委打分及点评
　　— 统分及互动表演
　　— 获奖选手发言、评委总结
　　— 合影留念

优秀作品展览
— 现场作品布置
— 展后作品及相关留存工作

后期宣传
— 视频照片整理归档
— 新闻稿件的形成推送
— 活动总结

下面为执行流程解读。

活动共分为前期筹备、开赛仪式、中期宣传、颁奖活动现场、优秀作品展览、后期宣传六个环节。

3.1　前期筹备

书画大赛作为在组织方统筹下面向全校师生参与对象的集体性赛事，首先根据比赛策划对具体活动流程安排和时间节点进行确认，对于书院和工坊以及相关主办学院的分工进行明确和沟通。对于活动物资和宣传物料进行购置和准备，同时针对活动流程中室外天气等不确定因素进行提前预估并做好突发和备用方案的设计。

3.2 开赛仪式

考虑到书画大赛中艺术的特殊性及创作时长和灵感的预留期，通过开赛仪式明确各参赛人员作品及分组的要求，为接下来创作周期和自主练习阶段提供明确的创作导向。

3.3 中期宣传

根据大赛活动流程，在比赛中期的自主练习、作品提交环节，及时安排记者团学生和书院宣传部门学生对于参赛人员进行创作跟进和及时采访反馈，并根据当天活动进展和进入工坊练习情况做新闻稿的推送和预热。

3.4 颁奖活动现场

对于颁奖活动现场，首先要对参会人员、评委以及悠学派观摩者人数进行确认，并做好活动流程的彩排工作，要求彩排工作要完整、全面地演练一遍，同时在彩排中及时对于各类情况进行补充和完善调整。在活动开场前对于活动流程，各负责小组进行再次确认。颁奖活动结束后及时完成此部分环节的活动新闻通稿。

3.5 优秀作品展览

根据优秀作品的色彩风格、章法结构等分区分类进行展览，做好现场参观秩序的维护和现场卫生、作品维护。展览结束后及时对作品进行归纳整理和保存。

3.6 后期宣传

活动结束后要及时对于前期活动各项流程进行总结和反馈，尽快收集前期各项环节的精彩瞬间和相关视频资料，及时形成完整的图文新闻稿件并在 24 小时内发送青春泰山等平台，注意突出学生参与比赛完成目标任务所获得的综合感受。

4. 经验提炼

4.1 传统与潮流碰撞，勾勒活动新"容貌"

基于书院项目工坊运行特点和传统书画大赛流程要求及创作特色风格，既要能够彰显书画传统文化魅力风采，同时结合书院领导力特色，在艺术创作中与潮流文化碰撞，激荡别样的火花。活动主题和形式流程更多地融入书院文化魅力，借助书院社区式平台在比赛环节流程设计中打破千篇一律的定式书画大赛框架，在自主练习、颁奖环节分别增添工坊专业老师一对一互动指导、国风系列表演等，增强书院、学院互动，在弱化任务式完成感的同时塑造比赛新风貌。

4.2 荣誉获得与视觉盛宴，享受任务达成的满足

书画大赛不仅是相关负责组织的二级学院的一场展示风采、呈现硕果的舞台，也是突显项目工坊以及与其联结的书院共生互助情况反馈的隐形报告单。因此，在活动流程、评分细则、评委组成等细节方面的把控以及参赛人员在活动比赛过程中对于流程要求的"打怪升级"的完成程度，要做到鼓励参赛人员积极完成任务并激励其对于获取相应价值感的期望值，这就需要工坊、书院及二级学院三方联动助力比赛的持续热度，进而使学生在获得荣誉感、实现在展览过程中获得满足感的同时达到活动主体自身的高效成长。

活动精彩瞬间 1

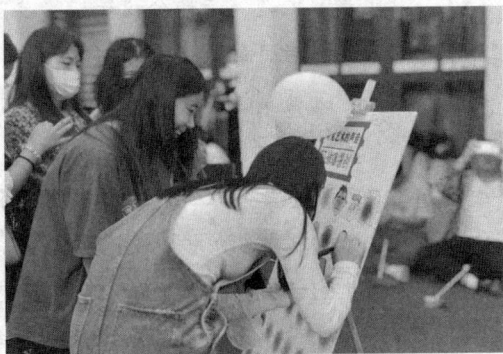

活动精彩瞬间 2

第八节　会议培训类学生活动类型指南

概　述

　　会议培训类活动主要指基层活动组织单位开展的具有明确指向性、要求性任务的活动。需要根据相关任务要求，组织学生开展活动。参与活动的学生，均有一定的任务需要在活动中完成，并通过完成相关任务，获得一定的收获。会议培训类活动所涉及的范围相对广泛，主要呈现形式为：相关评优答辩汇报展示，各类型征集类比赛，主题、专题会议等。主要呈现出三点特征：其一，参与者或者组织者目的具有强指向性；其二，其过程具有相对的标准化特点，可复制性强；其三，结果通常具有实效性与荣誉性。主要案例代表："泰科之星"评选活动、"三下乡"社会实践答辩展示、"信息产业大咖传记阅读计划"学生优秀心得评选活动，"西北屯"系列活动，"悦动力"校园达人秀、"逸雅堂"书画大赛，泰山·大学生影评大赛、"揽岳杯"校园戏剧节剧本征集，完满教育宣讲会、各组织学生会成员专项培训会，专题沟通会等。

　　组织者在组织会议培训类活动前，首先需要立足于学生角度，清晰分解相关任务的要求与指向，最为核心的是需要调动起学生对"个体完成任务"的兴趣、荣誉感与责任感；在过程中，需要特别重视活动流程的标准性与规范化。最终，通过有效、有趣的组织方式，引导学生高质量地完成任务。

案例 19："输入计划"书院学生组织干部培训会

（案例编写：赵瑾）

1. 活动总述

面向学生的各项专题会议是学校推动各项工作、传递相关精神的重要活动之一，也是提升学生个体关键能力的有效路径。"输入计划"书院学生组织干部培训会共开设不同层面的培训，共 35 场，涉及会议形式多元。如何让学生在会议参与中摆脱"木头人"角色，实现最大效用的信息传递与个人能力的提升是组织者首先需要考虑的问题。

2. 活动指南

2.1 主题动议

培训会议主题应紧紧围绕至少两个方面进行，第一方面是书院核心价值观念的宣讲，第二方面是学生干部技能培训。第一方面主题可面向全体学生干部，因为是基础性主题。第二方面可形成准确系列，如综合事务类"书院数据培训专项会议"。两个方面的共性的主题动议需要做到目的确定、切口要小，尽量能够形成系列，且对应书院学生干部在实际工作中的关切和需要，才能形成任务式会议的内容黏性吸引力。

2.2 时间、空间

（1）在时间上，充分关照学生的成长动向，分为集中型和常态型。书院学生干部培训会议在组织时间上应为"新学期集中型"与"每月、每周常态化"。集中型解决关切问题、常态型形成行为习惯。

（2）在空间上，首先会议不完全等同于会议室培训、班级课堂，空间选择思维需要放开。会议室更适用于集中型与技能型培训，人数不宜过多，50 人以内为佳。而常态化培训会议与理念宣讲类可以选择书院庭院、观影室等空间进行。另外，尽量规避线上形式。

2.3 现场布置

需要在相关宣传品中进行主题、会议主讲人等内容的介绍说明；现场宣传品的风格可与主讲人、主题内容相呼应。系列类会议应在主题色、主题元素方面贯穿。在场地方面，会议人员的位置设计要特别注意，是互动型还是分享型。同时需要为会议参会学生准备相应的必要物资。

2.4 程序议程

学生干部培训会议的基础议程为：主持人介绍主讲人背景—主讲人进行 PPT 讲述—主讲人进行核心问题沟通说明。但除此之外，每场培训会议中都可以添加开场前学生关切问题征集，主讲人培训核心问题问卷制作，培训会结束后不仅需收集学生参加会议的收获和心得，同时还需收集此项会议产生的新问题、新议题作为后期会议的议题补充。在过程中，也可以加入奖励性互动环节。

2.5 主体感知

作为书院的学生干部所必经的成长第一步，也是书院理念内部宣讲的关键环节活动，作为双主体双任务活动，需要重视会议发言人与参会者双重的主体感知。

2.5.1 发言人

需要在前期准备中给予发言人足够的尊重、重视，通过电子邀请函等形式邀请发言人接受任务，并重视任务，从而保证发言或培训内容的高质量。在现场通过主持介绍、宣传卡、宣传架、电子屏等形式，保证发言人的权威性，特别是发言人为学生时，更需抓住榜样塑造机会。

2.5.2 参与者

会议前要做好前期关切问题调查问卷，确保参与者能够带着问题（任务）去参与培训会议，可通过发放统一图章等形式、增强新团队凝聚感。在会议过程中，可通过围绕议题相关的互动性游戏、任务完成性奖励等方式，推动参与者在会议中的存在感和获得感。

2.5.3 会议的共创性

要特别注意会议的共创性。会议发言人不是唯一的会议输出者，在会议现场可通过共创板（如 KT 板）的形式，及时地收集参会者的当下"输出"，并尽量在会议结束时能够共创出本次会议小结。

2.6 内容生产

从以下角度做好内容生产：

（1）会议筹备期，要充分把控系列会议的主讲人名单，确保主讲人能够做到紧扣会议主题任务，输出性强。同时针对会议主讲人、发言人的发言内容予以审查和整体把握。

（2）提前做好相关的文档汇编、影像资料保存等内容。

（3）学生培训会议的内容生产除了技能提升之外，也需要注重"情感内容"的生产。对于学生干部培训会议而言，会议中需要特别强调区分固有思维中的仅传递知识技能，需要通过培训会议流程中的"破冰互动环节"，帮助所有参会成员与发言人尽快实现情感共融。

2.7 视觉传达

（1）在现场视觉传达设计上，应根据会议不同的方向进行主题色主题元素的突出。比如在视觉传达的培训会议物料中可突出、视觉、照片、制造美学等风格，图案设计上可突出"看见不一样的书院"的主体价值输出。但需注意的是，整体设计风格需与整体的"输入计划"干部培训会元素呼应。

（2）在视觉物料类别上，会议类活动需要制作桌签、背签、签到板（签到处）、会议流程单、主讲人资料介绍，必要时还需要制作会议主题内容相关的思维导图、会议手册等内容。

（3）在会议现场物资的准备中，也可以通过视觉设计元素，突出小心思。如饮用水、纸杯托、会议笔记本、签字笔等都可以添加组织元素以及系列会议元素。

2.8 宣传推广

做好宣传推广与经验总结：

（1）书院学生干部培训会议在宣传推广方面应规避"小圈子"思维，仅仅停留在内部告知。应在系列会议开始前，针对会议的类别、主讲人、会议主要议题等形成目录清单，并通过书院官网等进行宣传。

（2）在会议完结后，需要 24 小时内及时将常规性会议进行新闻通稿报道。一般会提前组织通稿内容。针对一些讨论性互动性强且具有普适性的议题，需要做好"议题类"新闻稿件的推送，以便相关学生借鉴。

（3）宣传推广可根据需要，进行视频录播，形成会议资料。

2.9 总结提升

每阶段培训会结束后，应第一时间召集老师和学生团队进行现场总结复盘（干事、部长、主席、指导教师代表依次发言，每人总结本次会议主要核心议题、观点和仍未解决的问题）。同时，书院培训会本身就是一次活动，可以以刚组织结束的培训会为案例，进行现场复盘。

2.10 反馈评价

会后当场或线上表单收集各参会学生的评价，也可以在现场设置"问题互动留言墙"等。

2.11 防坑提示

（1）培训会的理论讲解对学生而言虽然枯燥，但是确有必要。切勿因感觉枯燥就忽视理念的培育。

（2）不是组织的会议的规模越大越好，需要根据话题、受众不同进行选择，技术性、专业性越强的培训会议规模应小一些。

（3）不是会议参加者是学生组织成员就可以，需要关注参加者与会议的相关度。

（4）不是会议的分享者、主讲人越"高大上"越好，也许"学长、学姐"的角色更为合适。

（5）当然，也不要因为是学生会议就忽视老师身份的存在，到场分享或到场倾听都是对会议分享者和参会者的尊重，会大大提升会议效果。

（6）不是会议开完就结束，应重视会议的议题结论，对现存问题的解决方案。特别注重参会学生的个人获得感、团队荣誉感、集体感培养以及学习任务完成度。

3. 活动执行图及解读

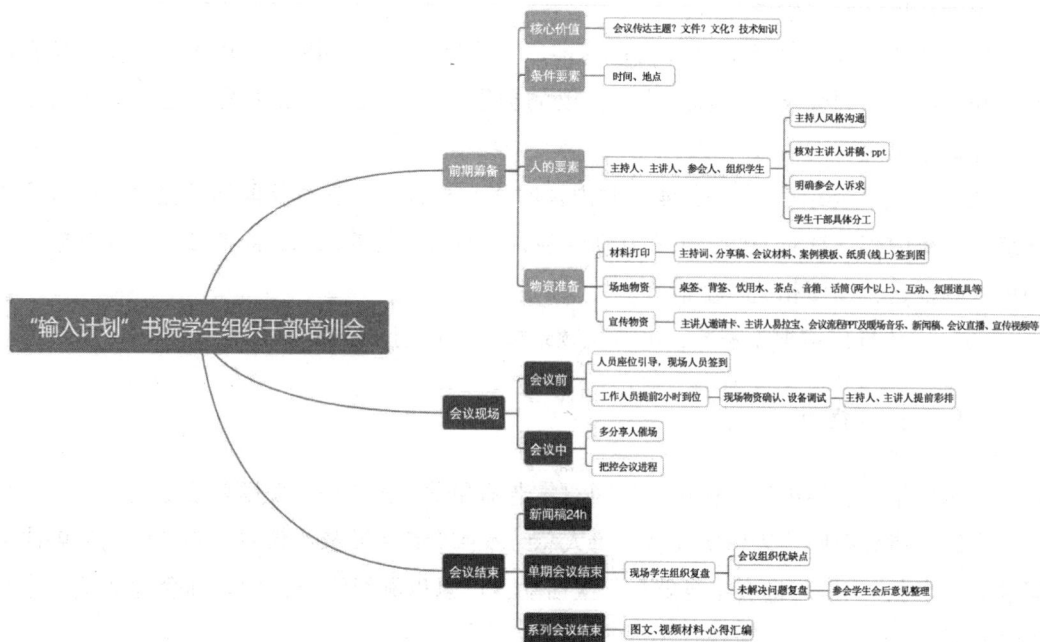

下面为执行流程解读。

3.1 "200%"前期准备的"清单意识"

前期筹备对于会议类活动而言非常关键。需要明确会议传达主题（核心价值）；确定会议的时间、地点（条件因素）；确定会议的主持人、主讲人、面向对象（人的元素）及负责组织学生分工，需要对主持人、主讲人进行线下沟通；通知"相关人"进行自身责任准备（如主持稿、分享PPT、参会问题等），并且这些准备内容要细致审核。（物资准备）材料、场地、宣传物资的风格需要准备清单，一一落实，并尽量保证风格一致。必要时可开展培训会开班仪式，加强对系列会议中学生组织成员身份的归属感培养。

3.2 "100%"现场的"互动意识"

区别于其他类型，一般的培训会议不一定要单独彩排，提前2小时进行相关人员彩排、设备调试等内容就可基本保证会议顺利进行。会议现场需进行人员的引导、互动，确保会议的顺利进行和互动效果。

3.3 "200%"会议结束的"总结意识"

前期会议结束要进行组织者复盘，同时针对参会学生要进行线上和线下的未解决问题收集，以便在后期会议中进行补充呈现。新闻宣传稿件建议为系列稿件，可加入"编者的话"等类似内容。系列会议结束后，要注重图文、视频材料、心得的汇编。必要时可开展培训会结业仪式，注重对系列会议中优秀主讲人、参会人员进行表彰。

4. 经验提炼

4.1 形式上不局限：不仅仅是"一场会"

传统的分享会议流程、互动问答分享、下午茶茶话会、技能实战会、团队游戏挑战等都可以成为学生组织干部培训会的形式之一或其中的元素。需要会议组织者根据不同的主题选择较为合适的形式，但首先需要在意识上摆脱培训会仅仅是一场普通会议的刻板思维，在尝试做好会议宣讲基础上融合更多元素。

4.2 内容上不空洞：不仅仅是"一本书"

建立专业教师、骨干学生、行业专家等"多元化"的主讲人"输入"人才体系。传统的学生组织干部培训会容易陷入念"一本书"的窠臼，照本宣科，内容表达上容易空洞或不具体。需要在充分理解会议精神的前提下，以生动的案例、通俗的技能表达等形式进行丰富，才能让会议内容不空洞。

4.3　效果上不轻视：不仅仅是"一批人"

学生组织干部培训会是每个学校学生骨干力量培养的重要方式，也是树立学生榜样，增加朋辈影响的重要活动。要特别注重衍生产品的发展，比如后续的新干部心得交流会，新老干部实战演习会等。书面、视频、图文类的资料要及时更新，多平台宣传，才能实现在培训会效果上的广泛覆盖。

活动精彩瞬间 1　　　　　　　　　　　　活动精彩瞬间 2

案例20：智能工程学院"智为你·西北屯"代理班主任选拔与培训

（案例编写：赵金晓）

1. 活动总述

"智为你·西北屯"代理班主任选拔与培训，是智能工程学院历年迎新活动中最重要的基石之一，从开始的材料审核、面试选拔到培训最后的结业仪式。每一环节都环环相扣，意在培养学生开拓进取、敢为人先、承前启后、勇于创新的智能精神，帮助新生辅导员做好班级的日常教育、管理与服务工作，加强学生个人软件运用能力、自我管理能力的提高，提升自我认知，增加全局观等综合能力。使得学生在这一过程中，切实学会从一个学生到管理者的身份转变，学会在自己成长的同时，引领他人成长的双重活动目标与意义。

2. 活动指南

大学生活是全新的开始，新生难免有许多生活、学习方面的不适应。于是，代理班主任活动应运而生。本活动已举办三年，目的在于在老生的帮助下，使新生能够更加方便的解决学习方法、学习疑点难点、学习目的等问题。

2.1 主题动议

选择品牌项目建设、学生活力、活动传承、智能精神等意义，与"代理班主任"工作中实际相关的工作，比如："西北屯"意义及目的培训、新生团务工作培训、新闻稿撰写、照片拍摄、悠学派活动发布、大学必备相关软件的应用等工作相结合形成活动主题，例如，"以团为基，薪火相传"（重在培训团务相关工作以及团员充分发挥敢为人先、积极奉献的相关精神等）。

2.2 时间、空间

（1）在活动时间安排上，学院充分考虑学生的课程安排、班会例会、完满活动、兴趣爱好等不冲突的因素。尽可能将活动安排在周三下午、周五下午、周日晚上，使得同学们真正全身心参与到活动中去，不被其他的事情扰乱心情，影响培训的效果。

（2）在培训中，培训的空间上，采取培训的教师与学生互动的形式，充分彰显泰山科技学院"四位一体+双院制"育人模式的主旨，从而使得学生不是感觉在课堂上听讲课一样，而是身心切实都有所收获有所成长。

（3）培训的场地，一般选择在操场、瞻岩书院、固定教室、主题教室、"青未了"剧场。通过活动主题去选择培训地点，从而达到活动主题与空间的充分融合，呈现出各种不同室内、室外环境以衬托活动主题、目的、意义，发挥空间与主题理念相融合的"衬托氛围+情绪表达"的1+1>2的效果。

2.3 现场布置

通过人形KT板、门型海报、彩色条幅、微信公众号、班团公告等有关宣传工作进行"实地+互联网"的高效宣传形式。例如：开班仪式中，于代班而言"代理班主任统一着装要求"；于活动场地而言充分应用当季绿色植物、盆栽进行装饰加上红地毯等场景装饰设计，营造庄严、肃穆的现场效果。

2.4 程序议程

2.4.1 代理班主任筛选

开始的面试增加了同学们的重视程度，正式的开班仪式为老生们树立身份认同感，3~5次的培训增加了代班们的底气和勇气，笔试环节增加了知识的系统性和牢固性。

2.4.2 代理班主任工作

新生到来之际，每位代班会被分配参加各位新生辅导员实践工作，与新生辅导员进行磨合，然后接触新生工作，在这个过程中，新生辅导员也会对各位代理班主任的工作进行评分，经过一个多月的代理班主任工作，伴随着新生班委的上任，工作也就接近尾声了。

2.4.3 代理班主任评选

工作结束后，新生辅导员会首先拟推荐两个优秀代理班主任人选，然后进行优秀代理班主任的答辩工作，并进行工作总结。

2.4.4 评选完成后，开始进行"西北屯"代理班主任结业仪式

在结业仪式中，最重要的是"西北屯"代理班主任交接仪式：除了开场、介绍"西北屯"意义、授予各代表纪念表彰、优秀代理班主任工作分享、领导总结讲话等过程外，

可以通过如下方式丰富活动流程：新生寄语暖场视频穿插、代理班主任节目表演、新生代表节目展演、"杏"树期语交接等。在整个流程中，穿插与连接精彩节目展演，庄重的气氛中，突显感情的流露，情感的触发。

2.5 主体感知

体现智能工程学院独具匠心，以个人带动整体的传承奉献精神实践活动，应充分在以下几个方面关照主体感知：

（1）代理班主任的工作历程展示，通过横幅、宣传架、KT版、海报、电子屏等媒介进行多角度现场呈现，彰显代理班主任们一路的艰难困苦。

（2）新生代表的感知体验，通过授予鲜花、相互拥抱，对代理班主任鞠躬道谢等多样体验，体现新生们对代理班主任们的感谢与钦佩。

（3）代理班主任的现场体验呈现，在主持词、节目表演、工作分享、交接仪式、领导总结、仪式结束合影等方面进行呈现，享受仪式给代理班主任们带来的祝福与欢乐。

2.6 内容生产

（1）西北屯结业仪式过程中的细节控制度，仪式现场要充分掌控主持词、灯光、背景音乐、流程 PPT、视频播放等各方面的输出次序及贯穿质量。

（2）西北屯代理班主任评选，新生代表节目展演效果带动感情提升，比如充分升华副歌部分加以动作展示组合进行排练展演，歌曲的意义突出展示，服装颜色与表情显露，彰显传承精神。

2.7 视觉传达

（1）在仪式的视觉传达上，应该紧扣仪式主题，确切选择适合仪式氛围的搭配颜色，以庄重、正式、严肃为前提，进行仪式现场的布置并通过物件的搭配，颜色的设计穿插碰撞，充分体现严肃庄重的视觉冲击力。

（2）在宣传物品类别上，应尽可能多方面选择，例如，在 KT版、横幅、海报、手卡上分别体现整个仪式的主题视觉，以达到整个仪式的效果性和仪式感。

2.8 宣传推广

（1）活动前应做好会场的提前预热，突显"西北屯"传承的主题，通过直播、悠学派的方式进行线上宣传，借助海报、公告等进行线下宣传，进一步扩大本次活动的宣传力度。

（2）活动中在做好现场环境营造的同时，要进行现场图片的留存，全方位、多角度记录活动全过程。例如获奖时刻、优秀"西北屯"代表讲话、领导讲话等画面。

2.9 精神渲染

"西北屯"开班仪式时，各代理班主任辅导员老师授予代理班主任们的工作牌，那一刻，是一个崭新而庄重的身份的开始。但是，"西北屯"结业仪式的落幕，也象征这一份身份的转变和一段旅程的结束。虽这段旅程已结束，但旅程的艰难与跌撞仍历历在目，在此之中充满了代理班主任们的汗水与泪水，是新生们的纯真的笑颜、是辅导员辛勤的背影。他们在承担起这份责任之前，面对的是来自辅导员们一次次的考验，严格的选举和多次的培训使得他们在承担这份责任时能够激发出更大的力量，那时他们背负的是期望、是瞩目。一件件、一桩桩都如同昨日，定格在那永恒的一瞬。

2.10 总结提升

"西北屯"结业仪式结束后，收拾好活动物资、撤离活动地点后。应第一时间召集指导老师和学生团队总结复盘（干事、部长、主席、指导教师代表依次发言），通过沟通交流，分析出本次活动的不足之处和优点，收集关于本次活动的各项数据，整理材料，进行保存，以待下一次活动质量的提升。

2.11 反馈评价

活动后收集各学院及各角色学生的评价，也可以在现场设置"活动留言墙"等，并进行汇总整理，从评价中得到对于活动整体的总结启发，以延伸至下次"西北屯"结业仪式工作中进行参考。

2.12 防坑提示

（1）要特别注意考察学生在参与此项活动中的"动机"，避免出现学生因个人经济利益，比如纯目的性的拓展好友圈等目的参加活动，容易造成恶劣影响及经济纠纷。要多形式面试考察，在过程中时刻关注了解学生心理变化。

（2）要特别注意"代班学生"的角色意识转变问题，"代班学生"毕竟还是学生思维，新生难免有非常多的突发情况，对于代理班主任不能擅自决定的底线问题，要对代班学生多次说明，形成清单。避免出现"代理班主任"擅作决定，造成严重后果的情况。

3. 活动执行图及解读

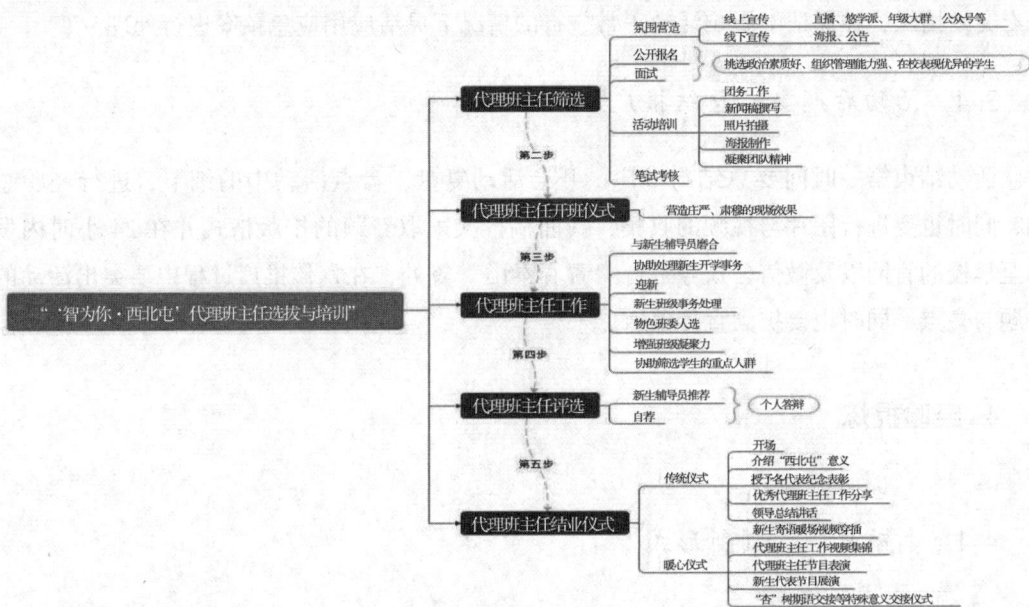

执行流程解读：

活动共分为前期筹备、活动彩排、活动现场以及后期宣传四个环节。

3.1 活动筹备要 "心思缜密"

"西北屯" 结业仪式作为一个为智能工程学院新生代理班主任举办的仪式类的活动，受益群体面向全体成员，前期的筹备要做到细腻，在此期间及时开会解读活动流程方案、节目排练、场地及物资借用，同时不断完善活动方案和流程并制定另外一套应急方案。

3.2 活动彩排要 "整体升华"

在彩排的过程中能够发现很多在策划案中无法发现的小细节以及问题，彩排最重要的目的就是为了看流程安排是否合理并在一些细节方面做调整，确保活动能够顺利进行。每一次的彩排结束后还要及时召开会议进行总结，不断完善活动流程方案，同时尽可能地去考虑现场可能会发生的突发事件，找到不影响活动正常进行的解决方案并且纳入应急预案中。

3.3 活动现场要"灵活多变"

活动开始前 10 分钟要再次检查各个工作小组的到位情况，分发对讲机以便随时沟通，若有突发情况，在保证不影响活动正常进行的情况下灵活应用应急预案进行处理。

3.4 活动后期要"总结推广"

活动结束第一时间要总结与推广，开会活动复盘，盘点活动中的细节，进行经验总结，同时也要进行图片与视频的收集，新闻稿推文采取新颖的排版格式并在 24 小时内发布至学校的官网以及微信公众号平台"青春泰山"等处，在宣传推广过程中要突出活动的主题与亮点，同时也要扩大宣传渠道。

4. 经验提炼

4.1 打破传统，创新形式

更多地从学生角度出发，能够让本次活动更好地在学生间发出情感的共鸣，引领现场观众融入到代班与新生班级之间那份深深的情感，共同见证他们一学期的成长。节目设计环节，打破拘泥一格的颁奖形式，新添了代班表演，新生表演等节目，表达了代班们对新生的祝福，以及新生的感激之情，节目环环相扣。

4.2 精益求精，严谨踏实

从节目的顺序，视频的制作到合唱的排练等环节，都有老师和主席的严格把关，在活动正式开始前，便提前经过数次彩排，练习时，每一句主持词都必须斟酌到位，PPT 的切换与主持词恰到好处，不会拖沓整个活动的流程。每个环节都力争做到完美。

4.3 荣誉传递，薪火相传

一届届"西北屯"的传承，照亮了每个初入泰科学子来时的路。"西北屯"作为打通新一届与老一届的纽扣活动，主要目的就是为新生们传经送宝、分享经验，培养敢打敢拼，勇于作为的精神，为学院传承有序发展提供保障。

活动精彩瞬间 1

活动精彩瞬间 2

第九节　书院社区类学生活动类型指南

●─────────○ **概　述** ○─────────

书院社区类学生活动主要指各书院围绕"家文化""领导力""连接点"三核驱动目标，依托书院内硬件设施、阵地资源以及工作体系，组织开展的一系列书院社区类活动。常见的有书院项目累进制等常态化互动，例如：书院一小时、书院展览等。主要案例代表："未来已来"科技体验系列活动、"YU 你"高桌月宴、"CHIC 生活·知行乐"书院一小时等。

书院社区类活动一般是以参与、互动为主，观摩为辅的形式运行，并呈现出低门槛、常态式、大众化的特点。组织方在组织书院社区类活动时，既要充分考虑活动全过程的组织和动员，又应把活动过程中的师生、生生之间互动获得的情感交流和活动的价值交付纳入整体评价中，获得"最佳体验感"。在活动形式上，通过有效的创新方式彰显各书院文化特色，又应立足学生自主发展和个性自由发展的需求，把握"以生为本"的理念，一切文化形式及活动组织都要以是否能促进书院的社区性发展以及提升朋辈间充分互动为前提和出发点。

案例 21："未来已来"科技体验系列活动

（案例编写：王琛　杜宜峰）

1. 活动总述

科技体验系列活动是瞻岩书院领导力品牌活动之一，是通过科技体验、挑战等形式，有效地激发、培养学生的创造力，为同学们提供科技创新平台。如何让学生在参与、互动中获得情感和价值的交付，作为组织方，需要在环节设计、现场布置、情绪引导等各方面打磨。

2. 活动指南

2.1 主题动议

应选择彰显创造力特色的主题，比如"梦天实验舱·瞻岩梦工厂""VR 加持，探索书院元宇宙"等，以现代热门科技的发展为背景，活动呈现以前沿、青春、多元的形式，通过科技发展更迭让内容不断发散延伸；活动可链接校内外专业资源，如专家学者、项目导师、工坊主理人等，并结合学生的层次、级别、专业进行全过程设计，让活动价值传递得更广。

2.2 时间、空间

（1）在时间上充分关照学生的课程安排，可以考虑周三、周五下午或者周一到周日晚上，亦可以和重大事件（如神舟发射）、纪念日等相结合，突出主题元素，达到情绪共生。

（2）在空间上，尽可能突显活动特色并强调体验互动。主要考虑书院内空间，如多功能活动室、科技展厅、项目工坊等。通过与空间的有机融合，去呈现活动主题和科技产品的特点，从而发挥场域育人效应。

2.3 现场布置

通过门型海报和电子海报等物料进行宣传；活动空间，打造科技产品展示、体验、操作区，以星空灯、投影仪、星星灯等美陈装置等场景化设计，营造整体的、沉浸式的现场氛围。

2.4 程序议程

除了现场的科技体验，可以通过如下方式丰富活动流程：视频穿插、专业讲解、手工创作、工坊参观、师生交流等；在各流程的串联与衔接上，也可以通过情境设定（如科幻故事发展线）引入流程，回扣活动主题要素。

2.5 主体感知

作为面向全校学生参与的书院社区类学生活动，应充分在以下几个方面关照主体感知：

（1）现场参与者的氛围感知，通过高科技产品展示、星空灯投影、相关视频播放，入场环节设置情境引导，如通过科幻故事为主线，设计高科技产品打卡册等形式，营造沉浸式氛围。

（2）现场参与者的情感互动，通过分组合作、游戏竞技、导师互动、友善分享等达到师生、生生之间的情感交流与共鸣。

（3）现场参与者的价值感知。现场设置工作人员进行技术引导；围绕着参与者的级别、专业等，将活动进行分层设计，如将活动设置为探索（兴趣体验）、专注（组装和拆解）、极致（专业讲解），多层次交付活动价值。

2.6　内容生产

从以下角度做好内容生产：

（1）活动推进过程中的细节管理，如活动现场把控主持词、流程 PPT、音频篇章、视频篇章、环节设计与衔接等各方面的输出质量。

（2）活动成果的生产呈现，高科技产品初创构思，DIY 成果呈现，智能产品改造升级，成果首创研发等。

（3）现场文案的创意表达与呈现，围绕主题以潮流、原创、互动性的语言做好活动全过程的文案输出工作。例如，"VR 加持，探索瞻岩元宇宙"的主题基础上呈现"科技绿洲""书院头号玩家"等标示性语言，形成活动的 slogan 和代表性文案。

2.7　视觉传达

（1）在活动视觉传达上，根据活动主题，确定符合氛围的主题色与图案，以科技、前沿、青春为风格，辅以灯光和高科技进行场景的覆盖，如配合使用星光瀑布灯、LED 投影灯和射线灯，打造"虫洞"空间；摆放 360° 全息投影装置，置身于"宇宙空间"内，用视觉刺激调动参与者互动和情感，从而呈现较为和谐的视觉效应。

（2）在宣传物料类别上，考虑活动仪式感、人数、主题等多方面，选择最能突显活动特色且性价比最高的宣传物料，如电子海报、智能打卡册等。

2.8　宣传推广

从活动前、活动中、活动后做好宣传推广：

（1）活动前应做好活动的预热与造势，通过线下线上双重宣传，如书院官方 QQ、抖音、宿舍电视等平台；还可以联动相关二级学院的宣传渠道，进行精准辐射，让活动能够有较好的参与性，提升路转粉量。

（2）活动中在做好有序推进同时，要注重活动全过程资料的留存，抓取学生动作表现、情感表达、表情变化等细节瞬间，例如，刺激体验、新奇发现、互动时刻等画面。

（3）活动后要第一时间进行各类新闻材料的梳理，文字、图片、视频等。内容充分结合主题元素、呈现活动亮点，学生参与活动的感受，例如，"梦天实验舱，瞻岩梦工厂"。稿件输出应在 24 小时完成并上传官网，校外媒体发布等。

2.9　总结提升

活动结束后第一时间进行部门小结会议，围绕着回顾目标、对照过程与结果、分析优缺原因、制订计划四个方面，复盘梳理活动全过程。从主席、部长、干事、指导老师四个层面发表各自的想法和见解，提炼规律，归纳整理形成活动材料。最后所有工作人员一起合影留念，记录学生组织的每一次成长和蜕变。

2.10 反馈评价

活动后收集参与者的评价，也可在现场设置"活动意见收集箱、书院铁粉留言墙"等，并进行汇总整理，及时反馈学生诉求，倾听活动参与真实感受和意见、建议，确保活动的正向可持续发展。

2.11 防坑提示

（1）活动内容设置不宜"高大上、看不懂"，而应是将前沿科技内容分解，结合书院理念构思融合，从学生兴趣、水平和实用度等多方面综合考量。

（2）不是参与者组织到位就 OK，更应关注参与者的反应程度、互动程度、参与程度和情绪变化。

（3）不是走完活动流程就 OK，除了科技体验、导师讲解、手工制作外，还可以设计更多惊喜环节，比如小组竞技、工坊参观、结尾彩蛋等。

（4）不是参与者越多气氛越好，因场地和产品限制，要保证每位同学的体验感和书院导师的互动覆盖面；发布活动预告，精准覆盖兴趣人群，保证活动质量。

（5）其他防坑事项：体验产品数量受限，可以考虑同时设置工坊体验环节，小组竞技环节等，调动活动气氛；规划活动时间进程，体验环节不宜拉线太长，提前告知活动结束后，大家可以自由体验，避免占用过多活动时间；注意参与者对活动结果的反馈并及时评估现场情况。

3. 活动执行图及解读

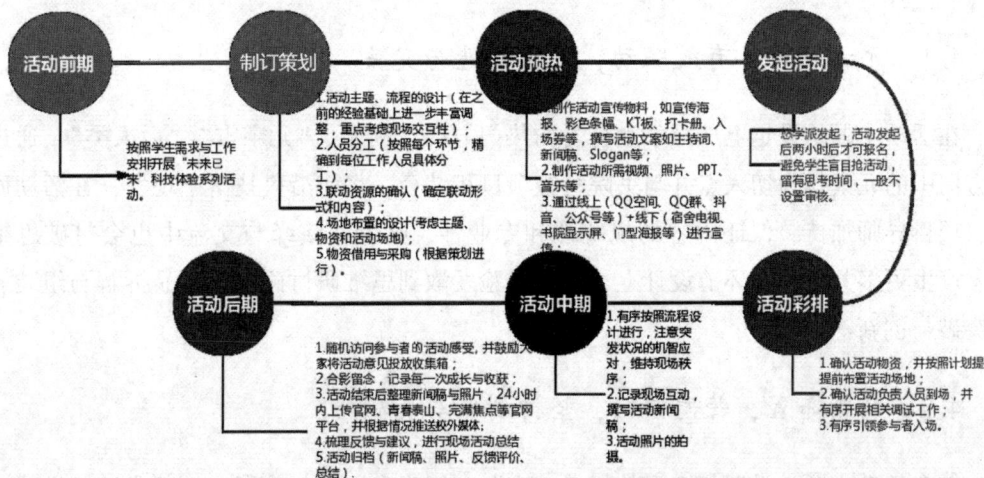

下面为执行流程解读。

活动共分为活动前（活动前期、制订策划、活动预热、发起活动），活动中（活动现场、活动彩排、活动开展中），活动后（后期收尾复盘），三大阶段七个环节。

3.1 前期筹备，环节设置"把握细节"

前期筹备时，按照预设环节与学生会做好活动解读、安排等事项，保证各个环节的流畅性，并设置备选方案；其次，对链接的相关资源，提前沟通，确定联动形式和内容；最后重点检查科技体验设备的可用性，提前做好设备调试。

3.2 活动现场，发展有序"气氛调动"

在活动现场最重要的就是充分调动活动气氛和同学参与度，组织者根据现场同学反应可以灵活调整细节，可设置彩蛋放送、神秘大咖等环节，让活动现场"燃"起来，保证活动开展得顺利精彩。

3.3 活动后期，精准宣传"扩大影响"

提前安排采写同学跟随活动进展，可使用手机 WPS 记录活动直观感受和精彩场面，突出活动亮点，确保在活动结束后及时完成文稿、照片与音频的整理，注意突出活动亮点，并在 24 小时内推送至校内外平台。

4. 经验提炼

4.1 元素融合，有效联动，坚持创造与突破

在活动主题的设定上选择学生喜爱的热门方向，例如，"元宇宙""后人类"，通过热门方向中的元素作为切入点并与书院科技项目相结合，将前沿科技落于现实；在活动质量上，项目导师加持，保证内容的规范性和专业性，师生在演绎与交流中也会打破思维定式，产生更多共鸣；在环节设计上，围绕体验发散到思维研讨碰撞、产品拆解与组装、技术突破与创新等。

4.2 场景布置，营造氛围，坚持创新与美感

结合活动主题，设置相匹配的场景，充分利用现有空间与物资，不断尝试与挑战，营造沉浸式的活动氛围。通过有形氛围反映活动的设计风格和主题文化，不论科幻的"元宇

宙"还是常见的"机械臂",通过环境布置、物件摆设,音乐灯光等方面体现。通过无形氛围彰显活动的运行理念和"文化能量",工作人员热情主动,提供引导与帮助,输出活动的"文化性格"。

4.3 活动反馈,有效回应,坚持反思与复盘

活动结束后,第一时间收集整理反馈,与活动组织团队进行总结,从活动效果、参与互动度、突发状况、环节衔接、内容输出等几个方面分析,回顾过程,分析过程,做好总结。

活动精彩瞬间 1

活动精彩瞬间 2

案例22："YU你"高桌月宴——师生共膳活动

（案例编写：王琛）

1. 活动总述

"YU你"高桌月宴是瞻岩书院家文化品牌活动之一，餐桌文化从来不仅限于美食，更在于它承载的社交性功能。通过师生共膳维系良好师生关系、增进师生交流、提升书院凝聚力，让学生在接地气、社区性的互动场景中，朋辈互动、师生互动，构建师生共同体，让书院学子享受书院教育，在书院场域中找到最大化的成长空间和需求。

2. 活动指南

2.1 主题动议

活动出发点是为师生提供一个交流共聚的平台，同时培养"家"的氛围与社区凝聚力，所以应选择温馨、轻松、风格的主题，比如"围炉煮茶·音乐小聚""中秋野营夜，共赴明月约"等，结合当下年轻群体喜欢的形式和氛围感，紧密地设置交流互动环节，更好地激发师生之间的沟通欲，打破"陌生感"；也可以结合节日、传统习俗去思考设计，给人不同的情境互动体验。

2.2 时间、空间

（1）在时间上，考虑学生的课程安排、考试安排、心理需求等，每月1~2期；也可以选择在开学初、学期中、期末前、考研前、传统节日等具有代表性的时间段，根据具体状况灵活调整；一般选择周三、周五晚上或周末，留有足够的食材准备、制作时间。

（2）在空间上，尽可能以书院空间为主，结合并发挥书院空间特点，如：书院草坪、书院中庭、创意厨房、活动室等。通过与空间的有机融合，去呈现共膳情境的多样变化，从而发挥场域育人效应。

2.3 现场布置

注重参与者体验感，突显主题特色，比如"露营野餐"这一主题，结合中秋节气，在中庭草坪以"露营风"为主基调，通过灯串、天幕帐篷、走马灯、野餐布、月亮椅、天文望远镜等打造出自然、轻松的沉浸式氛围感，让活动与书院环境有机融合。

2.4 程序议程

根据实际情况对各流程进行创新性设计并保证流畅衔接，整个流程需要回扣在共膳中师生敞开心扉，互动交流，解决诉求的主题要素，切勿跑题。

2.5 主体感知

（1）氛围感知，通过前期视觉设计、氛围营造、场景布置、灯光音效等多个方面，打造温馨有爱的环境，更容易激发师生、生生之间的沟通欲。

（2）情感感知，师生共同采购、配合制作、享受美食、思维碰撞、导师解惑、生活学习交流等丰富的环节中，逐渐敞开心扉，感受到关心与亲切，进一步拉近师生之间的感情，对于老师来说，深入了解学生的心理、情感动态，为下一步工作节奏或内容的调整做铺垫。

（3）价值感知，师生在互动中和分享中，亦师亦友，陪伴引领，沟通学习，师生都会感受到不同文化、价值观、态度的碰撞，感受共膳活动的意义与价值。

2.6 内容生产

（1）为学生提供一个交流共聚的平台，除了校内外师生，还有机会聆听专家（如书院名誉院长）的分享，拓展学生人脉，加深友谊，拉近感情，实现餐桌上的社交性功能，同时培养"家"的氛围与凝聚力。

（2）围绕着参与者讲好师生共膳的故事、线上线下互动交流、凝练 IP 等方式，以轻松、温暖、包容、互动性的语言做好全过程的文案输出工作。例如在"中秋露营夜，共赴明月约"的主题基础上呈现"风格露营 Glamping""赏月新姿势，秋日露营派对""书院里的诗和远方"等标识性语言，形成活动的文案 IP。

2.7 视觉传达

设计风格结合主题，在突出共膳温馨感的基础上灵活调配文案、色彩、灯光、图案、美陈造型等，细节之处彰显主题不同的创意性；常见主色调：暖黄、淡粉、淡紫；常用灯光设计：串灯、暖黄灯带、桌灯；常置宣传物料：画布、彩色条幅、门型海报、彩色气球、桌椅装饰等。

2.8 宣传推广

（1）除了校内海报条幅、终端电视、官方微信、官网等，还可利用微博、抖音、小红书等流量大、互动性强、受众广的平台宣传推广。如微博具有较高的互动性，在微博上可以建立一个"师生共膳"的话题讨论区，引发校内外师生的关注，不同的角色心得感受不一样，公众社交平台也可以为师生提供交流和分享心得的机会。

（2）拓宽渠道，顺应趋势，利用视频来推广，视频会比图片更具有生动性，网络视频是直接的互联网传播载体，通过个性化表现方式和多样创意手法，来展示师生共膳的美好画面可以获得意想不到的宣传效果。

（3）活动开展中进行资料的留存，全方位、多角度呈现活动细节与整体，如美食制作环节、表情与动作变化、动情时刻等画面；活动后要第一时间进行各类新闻材料的梳理如文字、图片、视频等，并呈现主题的特色，如"别样趣共膳，瞻岩与你野在一起"，活动结束后的 24 小时内完成投送校内外各平台。

2.9　复盘总结

活动结束后第一时间进行部门小结会议，从主席、部长、干事、指导老师四个层面围绕回顾过程、评估结果、分析原因、提炼经验四个维度，形成活动总结材料。

2.9.1　回顾过程

把整场活动过程带领大家再回顾一遍，帮助大家加深对活动执行框架的熟悉度。

2.9.2　评估结果

评估活动整体效果如何，以正向鼓励为主，给予相关评价。

2.9.3　分析原因

分析优点或不足背后的原因，并带领大家讨论给予相关对策。

2.9.4　提炼经验

从好的方面汲取经验，从不好的方面形成提升方案，并转化应用。

2.10　反馈评价

活动后收集参与者的评价，也可以在现场设置"书院铁粉留言墙"，也可在官方抖音设置话题讨论区等，并进行汇总整理，及时反馈学生诉求，倾听活动参与者的真实感受和意见、建议，确保活动的正向可持续发展。

2.11　防坑提示

（1）共膳本身的意义不在于"膳"，而在于在"共"中交流分享，所以活动不只是师生一起制作、品尝美食，更重要的是通过有趣环节、有爱氛围和"舒适"的仪式感激发起师生、生生之间的沟通欲、分享欲和情感互动，敞开心扉。

（2）不是参与者越多活动效果越好、现场热度越高，更应考虑师生互动的精准性和参与度，关注学生的反应，更好地了解学生的诉求和成长。

（3）充分考虑环节设置，学生情感变化。设计必要的热场环节，打破大家的拘束感；设计特邀嘉宾、互送礼物等增加惊喜感；设计老师分享环节，如自身经历、文化见解、经验传递等，通过话题更好地拉近沟通，避免冷场；多元融合，根据情景设计品酒赏月、端午打糕等，增加活动新颖度；时刻关注参与者对活动的反馈并及时评估现场情况。

（4）考虑美食制作的可行性和操作性，可以制作一些简餐如甜点、饺子、匹萨饼等。

3. 活动执行图及解读

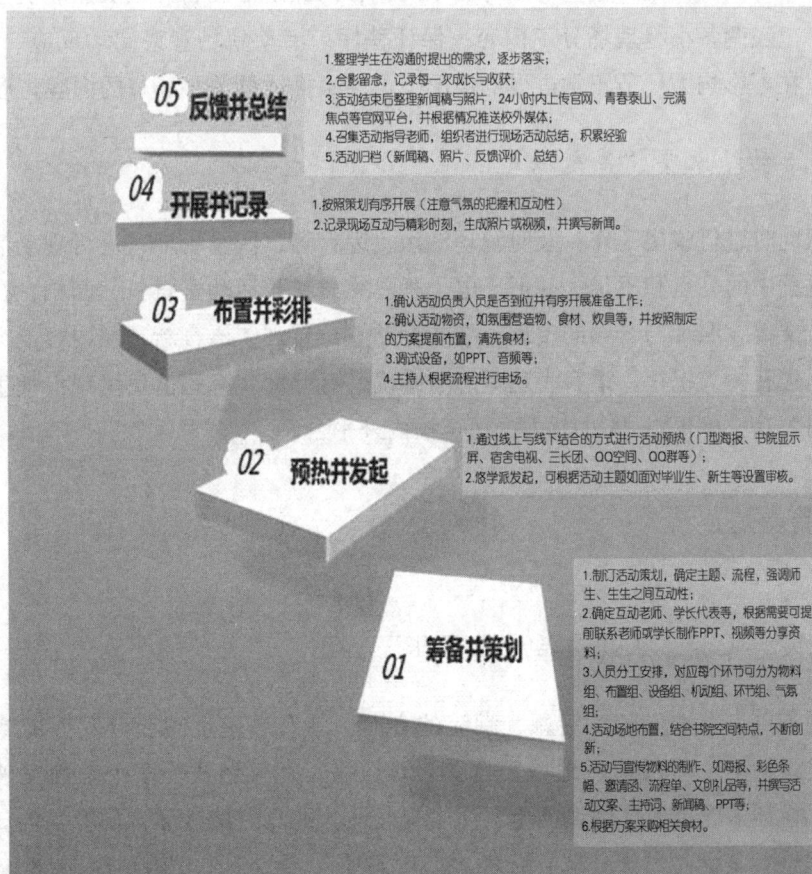

下面为执行流程解读。

活动共分为前期筹备（筹备策划、预热发起），活动现场（布置彩排、开展记录），活动结束（反馈总结）三个阶段五个环节。

3.1　前期筹备要"考虑充分"

在活动筹备中充分考虑活动共膳的人数、场地、天气、食材、炊具、饮食禁忌等多个方面。强调互动性，确定共膳主题、活动流程和人员分工方案，与工作人员充分沟通，进行全面的方案解读和具体分工安排，如食材筹备组、现场布置组、物资采购借用组、宣传后期组、现场调控组、灵活气氛组，提前进行线上线下宣传，各小组有序分工推进工作，并及时汇报进度和问题情况，保证留有空间进行应变调整。

3.2　活动现场要"灵活有序"

组织者全部到位，活动开始前半小时，检查场地是否按照要求和设计布置完备，将设备全部打开进行调试，同时检查电压与安全问题，清点所需食材、炊具、餐具等并进行清洗摆放，再次强调各小组现场分工内容，保证秩序。活动现场观察同学反应、互动情况，主持人可以在不影响大环节正常进展的情况下灵活穿插或调节小环节的内容与形式。

3.3　活动结束要"高效收尾"

各小组同时进行收尾工作，及时清理油污、废料等，恢复场地；进行现场活动复盘总结，分析过程中的亮点和不足，并形成电子版总结材料与活动资料一起归档；在活动结束后及时完成文稿、照片与音频的整理，新闻标题立意直观、语言新颖，内容上突出活动亮点如师生互送礼物与祝福，语言表达凝练、准确、有温度、有感情地呈现出师生共膳的温情、感动与收获，确保在 24 小时内推送至校内外平台。

4. 经验提炼

4.1　突破定势，主题灵活"不设限"

在主题制订上，选取较为新颖、潮流的方向，结合书院空间充分发挥场域育人的功能；在形式设计上，可以通过地域美食、衣着风格、礼仪形式等多个方面突破，达到多元、有趣；在环节设计上，强调师生、生生交互性，提高衔接度和合理度，创新性丰富环节内容，如创意美食、家味分享、厨艺 PK、"视野"分享、"吐槽"时刻等，营造轻松、开放的氛围，增强沟通欲。活动布置上，根据主题探索尝试书院空间场域的多种可能，如世界杯足球主题、野营主题、高桌西餐等不同就餐环境，更好激发学生互动欲，发挥书院环境育人的功能。

4.2　联动共聚，内容丰富"有聚焦"

聚焦活动参与者的共性和特点，设置活动主题和分享内容，根据环节提前准备分享内容，如 PPT、视频等；可邀请名誉院长、全生异科导师共同参与，更准确地了解同学们想法和诉求，为及时解决、回应同学们在生活、学习、工作中的困难起积极的推动作用。

4.3　有效互动，记录成长"有回音"

结束后及时回应学生想法、解决诉求，将共膳活动的效果落到实处；合影留念，在书院厨房制作共膳成长墙，关注学生成长，提升学生的归属感。

活动精彩瞬间 1

活动精彩瞬间 2

案例 23："CHIC 生活·知行乐"书院一小时

（案例编写：王琛）

1. 活动总述

书院一小时是瞻岩书院家文化活动之一，每周开展三期，活动灵感来源于 21 天行为习惯养成计划，帮助学生将闲散空余时间利用起来，养成良好的阅读、运动和社交习惯，是实现朋辈互动的有效路径，让文化、知识、情感、态度、价值观在师生、生生之间成为涓涓细流。

2. 活动指南

2.1 主题动议

活动开展立足于贴近学生学习与生活，简单易行地帮助学生养成良好的习惯，并拓展学生的生活及成长空间，所以应设置青春多元主题内容如"早读角、健身角、棋艺角、阅读角、电影角、外语角、厨艺角、热点角"等，可邀请专业化导师、榜样性学长一起引领参与，实现朋辈互助。

2.2 时间空间

（1）时间选择上，因活动为日常习惯养成型，每期活动持续周期较长，所以可以错开周三、周五学生参加其他活动的时间，尽可能选择周一、周二、周四，具体时间上可以根据主题灵活确定如清晨早读角、健身角，中午厨艺角，晚上电影角、热点角，灵活抓取学生日常碎片时间，亦可以与热点、节日事件相结合，丰富活动内容。

（2）空间选择上，根据主题充分利用书院场地，满足学生互动需求的同时提升学生对书院的归属感和依赖感，营造"家"氛围，除了书院功能房间与庭院以外，还可以考虑如下场地：田径场、篮球场、网球场、足球场等户外空间。

2.3 现场布置

习惯养成类活动开展频率较高，所以主要以简约、日常、舒适为主，一般使用易拉宝、彩色条幅、美陈摆件、灯光音乐进行现场布置和氛围营造。比如"光影"电影角，可以在影音室张贴电影海报，通过光影留声机、电影胶片、摄像机等美陈摆件全氛围打造出"光影"的故事感与美感，引导学生沉浸式的观影、赏析。

2.4 活动安排

周一	周二	周四	周次
"博观之约"读书角 （7：00-8：00）	"INNER-POWER"瑜伽角 （13：00-14：00）	"光影之夜"电影角 （18：30-21：00）	第一周
"INNER-POWER"瑜伽角 （13：00-14：00）	"光影之夜"电影角 （18：30-21：00）	"博观之约"读书角 （7：00-8：00）	第二周
"光影之夜"电影角 （18：30-21：00）	"博观之约"读书角 （7：00-8：00）	"INNER-POWER"瑜伽角 （13：00-14：00）	第三周
"博观之约"读书角 （7：00-8：00）	"INNER-POWER"瑜伽角 （13：00-14：00）	"光影之夜"电影角 （18：30-21：00）	第四周

（活动周期为一个月，参与者每期固定，同学将根据自己的兴趣选择性参与）

2.5 感知获得

作为书院习惯养成类活动，最重要的是引导学生学会合理利用碎片化时间，并通过为期一个月的时间养成良好的学习、生活习惯，营造青春、向上的书院氛围，作为组织者应关注学生在活动中的感受，记录学生点滴改变与成长，可以从以下两个方面来实现：

（1）氛围带动，除了激励口号、悬挂条幅外，还可以在空间内设置活动打卡记录墙和习惯养成进度条，直观地展示养成进度，以此激励学生，用易拉宝海报的形式展示每一期优秀"习惯达人"的成长故事；

（2）朋辈互助，每一期都可以邀请校内优秀的榜样，如健身达人，除了做技术上的引导与支持，还可以发挥朋辈互督互促作用，习惯养成在于每天的点滴积累，在于大环境氛围的带动，"习惯达人"可以发挥正向氛围带动作用，朋辈之间朝夕相伴，可以更好地交流互助，促进习惯的养成。

2.6 内容生产

从以下角度做好内容生产：

（1）价值生产，过程中使用 Keep、百词斩等 App 作为成长记录，每一期活动结束后，通过颁发习惯养成证书、个人习惯成长档案、照片对比、App 报告生成展示等多种方式，让学生直观地感受习惯养成的成果，感受到习惯养成类活动价值；

（2）文化生产，以轻松、自律、包容、互动性的语言做好全过程的文案输出工作。例如，在"青春修炼中，习惯养成时"的主题基础上呈现"重启大脑""即刻启程"等标识性语言，形成活动的文案 IP；参与者在每天活动过程中，会逐渐被书院活动、空间氛围、文化价值等浸润，增强对书院的归属感，融入书院并依托书院输出自己的内容。

2.7 物料筹备与氛围营造

根据每一期的活动内容，提前准备活动物资如大咖书籍、瑜伽垫、音频视频、棋盘等，必要可以设计制作书签、便签、徽章等具有仪式感和纪念价值的物料，氛围营造主要通过 KT 板、条幅、易拉宝海报、展架、美陈摆件等物料来呈现，视觉设计颜色鲜明、风格多元，整体布置相互呼应营造温馨、简约、青春的氛围感。

2.8 宣传推广

2.8.1 亮点呈现，成果梳理

活动开展前预热，呈现活动的项目安排，并展示上一期的养成故事；活动开展中，尽量抓取具有代表性的画面，如初期的彼此"陌生感"与动作不熟练，中期的思维碰撞与敞开心扉到后期的成果逐渐显现，并对比活动初期与末期表现，更好地呈现习惯养成的收获，每一天的活动资料要梳理留存；活动后要第一时间进行各类新闻材料的梳理，并在结束后的 24 小时内完成投送校内外各平台。

2.8.2 渠道多元，借势传播

微博、微信、短视频等平台传播渠道和资源的有效融合，如在官方抖音发起"话题区"，参与者需@官方抖音并线上"交作业"，记录参与过程并展示当天的收获，习惯的养成在于日常的点滴积累，要充分利用线上渠道，引导参与者习惯养成的同时还会吸引校内更多学子的参与，同时也会收获书院粉丝与关注。

2.9 总结提升

活动结束后第一时间组织人员小结会议，围绕着回顾目标、对照结果、分析优缺点、制订计划四个方面，复盘梳理活动全过程。每一周进行周记总结，从主席、部长、干事、指导老师四个层面发表自己的想法和见解，提炼规律，归纳整理形成活动材料。

2.10 反馈评价

活动后收集参与者的评价，也可以在现场设置"书院铁粉留言箱"或线上官方 QQ 设置"活动意见墙",线上线下进行反馈收集,并进行汇总整理,及时反馈学生诉求,倾听活动参与真实感受和意见、建议,确保活动的正向可持续发展。

2.11 防坑提示

(1)抓取利用碎片化时间,活动日期不是非得固定在周三、周五或者晚上开展,可以在周一、周二、周四,活动时间不一定非得下午、晚上,利用学生的时间"边角料"如餐后和早课前,灵活设置"清晨·早读角"、中午"重启·冥想角"、晚上"伴读·品析角"等活动内容。

(2)氛围营造,重工布置不一定好,习惯养成更在于活动气氛的正向带动,朋辈之间的互促引领,老师们的陪伴共情,形成青春向上的朋辈互动互促的良好生态圈。

(3)活动完结应有仪式感,应展示习惯养成类活动带来的团队荣誉、凝聚力、收获成就感,拍照、分享、留念等都很有必要。

(4)其他防坑事项:可以适当调整学分引导机制,每个月为一期共导入学分四次,在保证学生习惯养成的基础上给予适当的学分奖励;可以考虑设置机动气氛组;注意参与者对活动结果的反馈并及时评估现场情况。

3. 活动执行图及解读

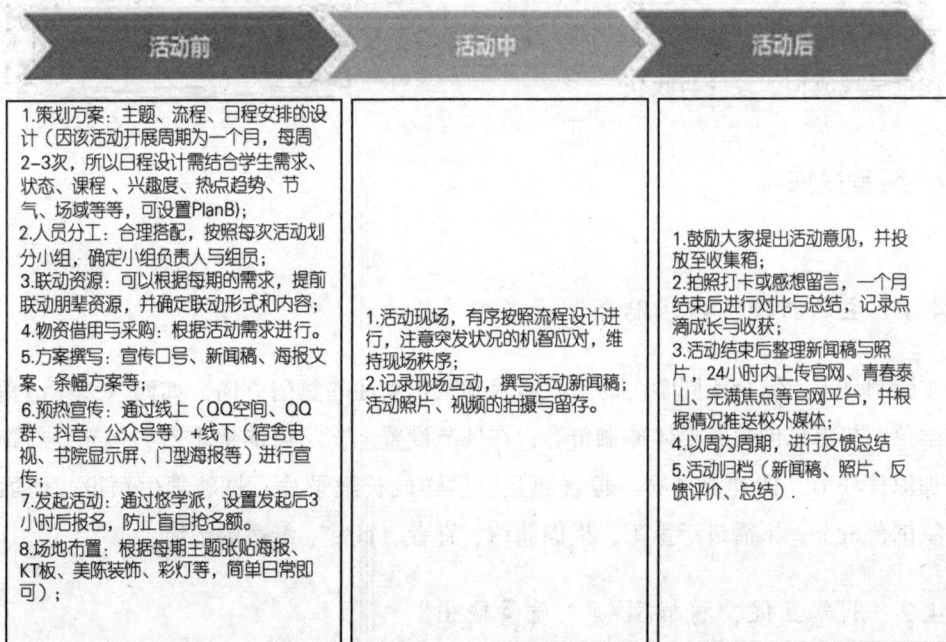

活动前	活动中	活动后
1.策划方案:主题、流程、日程安排的设计(因该活动开展周期为一个月,每周2-3次,所以日程设计需结合学生需求、状态、课程、兴趣度、热点趋势、节气、场域等等,可设置PlanB); 2.人员分工:合理搭配,按照每次活动划分小组,确定小组负责人与组员; 3.联动资源:可以根据每期的需求,提前联动朋辈资源,并确定联动形式和内容; 4.物资借用与采购:根据活动需求进行; 5.方案撰写:宣传口号、新闻稿、海报文案、条幅方案等; 6.预热宣传:通过线上(QQ空间、QQ群、抖音、公众号等)+线下(宿舍电视、书院显示屏、门型海报等)进行宣传; 7.发起活动:通过悠学派,设置发起后3小时后报名,防止盲目抢名额。 8.场地布置:根据每期主题张贴海报、KT板、美陈装饰、彩灯等,简单日常即可);	1.活动现场,有序按照流程设计进行,注意突发状况的机智应对,维持现场秩序; 2.记录现场互动,撰写活动新闻稿;活动照片、视频的拍摄与留存。	1.鼓励大家提出活动意见,并投放至收集箱; 2.拍照打卡或感想留言,一个月结束后进行对比与总结,记录点滴成长与收获; 3.活动结束后整理新闻稿与照片,24小时内上传官网、青春泰山、完满焦点等官网平台,并根据情况推送校外媒体; 4.以周为周期,进行反馈总结 5.活动归档(新闻稿、照片、反馈评价、总结)。

下面为执行流程解读。

活动共分为活动前、活动中、活动后三个环节。

3.1 前期筹备，内容环节"有趣丰富"

制订活动方案考虑每天的子活动进展计划、内容的丰富度、主题的多样性，对方案进行及时全面的解读、各项事宜的分工，提前发布活动精彩预告并附流程，预定活动室并采购相关物资。其次与组织者做好前期沟通，对流程细化分工，保证各个环节衔接与流畅（如有天气、场地等不确定因素，提前制定备选方案）。

3.2 中期开展，气氛调动"灵活应变"

活动开展现场可观察现场同学反应、互动情况，不定期穿插惊喜小环节如"大咖助阵"，放送惊喜小礼盒但考虑实用性，如可以满足学生活动需求的定制瑜伽垫、书签、钢笔等，调动学生积极性；活动中期，参与者会出现松懈、不积极或时间冲突等情况，此时应灵活应对，如设置中期成果展示交流会，抖音线上#话题区"交作业"等方式。

3.3 后期结束，收尾复盘"结果呈现"

清理恢复场地并复盘总结。按照月度，在中后期梳理材料，如个人成长档案，记录个人规划、初期目标、完成程度等内容；在月末开展总结大会，进行参与代表发言、颁发证书、成果展示等环节，结束后24小时内及时推送至校内外平台，高度总结，把握亮点展示，注重呈现成长、改变与收获。

4. 经验提炼

4.1 主题新颖，内容贴合"成长需求"

主题制订上，结合不同学生的阶段需求和密切关注的热门方向，如四六级英语角、考研数学角、热点思创角、形体瑜伽角等；在环节设置上，尽可能地丰富、多元、新颖，适当增加惊喜环节，如神秘嘉宾、惊喜彩蛋、榜样成长纪录片，打破学生预设，增加创新度；氛围营造上，不需过于重工，提倡简约、青春、日常、舒适的环境。

4.2 朋辈互促，榜样引领"质量输出"

根据活动主题，可提前沟通邀请书院导师、榜样学长共同参与，内容分享上结合实用性和趣味性适当调整，高水平引领，保证活动质量输出；可设置"黑马互督小组"，大家相互激励带动，每期定制徽章、队服、手环等，提升活动小组的凝聚力和团结性。

4.3 习惯养成，同心共情"陪伴收获"

活动结束后，按照小组设置成果展示或 PK 环节，颁发个人或团队成长证书，评选出最佳参与度的同学，进行感受分享，发挥引领作用；合影留念，在书院房间内制作成长轨迹墙，关注学生习惯养成和活力提升，提升学生的归属感，营造书院青春向上的氛围。

活动精彩瞬间 1

活动精彩瞬间 2

第三章　活动推广操作指南

新闻稿件类

1. 新闻宣传格式规范

1.1 标题（不能涉及意识形态，不可标题党，内容与标题一致）

标题：华文中宋，三号，加粗，居中对齐（注意不要有首行缩进）。

副标题：华文中宋，小三号，不加粗，右对齐，用破折号引导。

文中小标题：宋体，小四号，加粗，两端对齐，首行缩进 2 字符。

1.2 正文

段落：宋体，小四号，不加粗，两端对齐，首行缩进两个字符。

图片说明：宋体，小四号，加粗，居中对齐（注意不要有首行缩进）；对照片作解释的文字需标注在图片下方，居中对齐。

内容：严格按照新闻稿的格式，新闻稿要体现时间、地点、事件三要素，内容文字简洁明了，文字内容多采用叙述方式，不可采用推文中的短句一概而过。

1.3 落款

宋体，小四号，加粗，右对齐，用括号括住！

一般落款有两种形式：

（1）（×××院系供稿），复制时将括号内所有内容都复制到官网后台；

（2）（撰稿：×× ×××　摄影：×× ×××），注意：名字是两个字的，两字中间用一个空格，名字与名字中间用两个空格，名字与"摄影"中间用两个空格，复制时只复制"撰稿："后的内容。

1.4 照片

照片尺寸：宽度 640 像素，高度根据固定比例自动生成。

照片勿插入正文，只需在正文中标注插入位置！照片单建一个文件夹存放，另需将未经过任何修改的照片原图另建一个文件夹存放，与新闻稿一同打包提交（注意需将文件夹的内容备注好）。

1.5　注意几个方面

（1）培养新闻敏感，善于发现新闻线索。

（2）选材典型，提炼特色。

（3）找准角度，提炼主题。

（4）逻辑清晰，层次分明。

（5）语言简洁、准确、具体。

（6）及时迅速，新闻稿件需在24小时之内挂至官网，交稿前认真推敲、反复校核。

2. 活动类新闻稿框架

2.1　标题：提炼中心思想

结构1：（主办单位）十（活动名称）（活动主题）

如：大数据学院第一届"玩转纸箱，变废为宝"纸箱DIY创意活动顺利开展

结构2：（活动主题）（主办单位）十（活动名称）

如：青春掌勺，"烹燃"心动——汶阳书院首届暖冬师生厨艺大比拼圆满结束

2.2　编者按

可引用校园热点，或结合当下"活力提升年"等有公信力、说服力的背景资料引出主题，激发读者强烈情绪共鸣。

如：2022年是完满教育运行10周年、书院制改革5周年。10年来，重庆移通学院、晋中信息学院、泰山科技学院与时代同呼吸、共命运，在办学治校、人才培养过程中，科学开发、设计和推出基于学生品格、体格、人格、性格等社会能力极致化关照的完满教育育人产品。全体师生坚守梦想与初心，始终在完满之路上虔诚前行和奔跑，始终以学生充分发展为中心，构建新产品、传递新价值、塑造新品牌、汇聚新力量，帮助学生浸润、改变和成长！

2.3　正文

开篇交代新闻事件基本信息，用"5W"原则撰写，即：when，where，who，what，why。讲清完满活动的时间、地点、活动嘉宾、活动主题，及举办活动的原因、目的。

如：作为三校四区"完满十年、书院五年"主题行动的重要成果之一，10月10日，重庆移通学院、晋中信息学院、泰山科技学院完满系统的全体教师、学生代表等相聚云

端，共同见证完满教育 10 周年主题曲《完满梦想家》正式发布。

柴米油盐酱醋茶，调出千万美味。蒸煮炒焖爆炸煎，烹出百种佳肴。看泰科师生大展身手，化身掌勺控火灶达人！12 月 7 日 13∶30，由书院部主办，汶阳书院联合锦琅玕美食工坊共同承办的"烹燃"心动——首届暖冬师生厨艺大比拼在汶阳书院拾光庭院火热展开。本次活动由汶阳书院马凯旋老师、岱东之声广播站张洪源同学主持。

2.4　主体：活动事件回顾，活动环节梳理

（1）文案模板：202×年×月×日，由××发起，××主办/联合主办/联袂主办，××承办的×××（活动名称）在××（活动地点）隆重举行。邀请到来自×××（单位/行业）的××位嘉宾，以××方式（演讲/讲座/表演等呈现形式）与×××位现场观众一起，开启了一场关于×××（活动主题/话题）的热烈讨论/活动盛典。

（2）如果该完满活动为系列主题活动，如学长计划、青马工程、志愿召集人等，可补充系列活动的背景，提升活动权威性，扩大影响力。如：×××（单位名称）×××大会（活动名称）自××××年××月××日以来，已成功举办×届，形式亦在不断创新求变，与时俱进……（如何创新，简要描述）

（3）本次活动由×××担当主持，×××担任开场嘉宾……活动环节按流程写，主要环节及精彩环节浓墨重彩，次要环节可适度删减。尽量突出活动现场的热烈氛围、讨论的激烈程度、嘉宾观点的出彩。抓住重点人物，梳理观点，提炼校领导观点、金句。

（4）结语：总结完满活动意义，升华主旨。属于解决问题型的活动还应找出应对措施，为未来指明方向，言之有物，让意义更务实，更有价值、传播力和影响力。

（5）结尾：如在新媒体平台发布，结尾处可设置"往期活动回顾"和"下期精彩预告"，吸引读者持续关注。或者补充引起师生共鸣的，可增加师生心得体会。

如：本次活动为首期××××研讨会，接下来，我们将从×××等角度开展系列讨论，综合剖析×××，敬请期待！

3. 活动推广文稿策划

3.1　宣传形式（线上宣传、线下宣传）

线上以推文为主、线下可采取喷绘、易拉宝、书院宿舍楼电视机投屏等多方面氛围营造。

3.2 宣传时间安排（以活动罗列宣传时间节点进行宣传）

3.3 活动预热（图片示例：可采用倒计时、推文宣传预热）

2022年06月01日 已群发 ✓		倒计时24小时！"青未了杯"大学生电子竞技大赛全国总决赛震撼来袭！精彩抢先看！原创 征战不停，联盟永不散场！ 明天下午 19点 在视频号：青春泰山 抖音：泰山小满 bilibili：泰山小满 微... ◎ 1,023　⊛ 0　👍 8　⤶ 0　✎ 0
2022年05月25日 已群发 ✓		「倒计时8天」TYCG品策组：带你领略不一样的电子竞技！原创 美编有话说 欢迎大家来到由泰山科技学院、山东省电子竞技运动协会联合主办，七彩... ◎ 346　⊛ 1　👍 4　⤶ 0　✎ 0
2022年02月17日 已群发 ✓		即将截稿！首届泰山·大学生影评大赛征稿倒计时 首届泰山·大学生影评大赛已于2021年10月正式启动，目前征稿已进入最后十天的倒计时阶段。 ...征稿已进入最后十天的倒计时阶段。大赛将于202... ◎ 330　⊛ 0　👍 1　✎ 0
2021年12月03日 已群发 ✓		倒计时12小时！TYCG电子竞技大赛观赛攻略来了！原创 倒计时12小时！电子竞技大赛观看攻略来了 近日，为促进各高校的相互交流，丰富学校学生的业余文化生活，促进学... ◎ 750　⊛ 5　👍 19　✎ 0
2021年10月14日 已群发 ✓		倒计时24小时！"反转引力"迎新晚会观看攻略来了！原创 10月15日，一起去泰科的Live House吧！ 开场：《离开地球表面》表演者：泰科教师 第一篇章：怠惰因循，居敬... ◎ 1,104　⊛ 1　👍 11　⤶ 0　✎ 0
2021年05月09日 已群发 ✓		【倒计时1天】戏剧节，咱们明天见！（内附直播观剧指南）原创 已修改 "揽岳杯"第二届校园戏剧节倒计时1天！ 五月初夏 泰山脚下 让我们一起在剧场中 感受爱国主义 聆听音乐盛宴 一... ◎ 700　⊛ 0　👍 9　⤶ 1　✎ 0

3.4 活动中后宣

（图片示例：活动中细节图片，展示学生参与活动中的真实性）

群体照

单人照

活动现场抓拍图

氛围场景图

大场景图

现场观众互动图 1

现场观众互动图 2

案例分析：

一场初夏戏剧之梦：第三届"揽岳杯"校园戏剧节圆满落幕

（标题：主题+活动名称）

5月21日晚，以"品·形"为主题的第三届"揽岳杯"校园戏剧节在青未了剧场圆满落幕。7天时间里，戏剧节为学校师生献上了一场美妙的戏剧之梦：共有36部师生原创的好戏在学校书院、剧场等各个空间上演、近6000人次走进剧场、近4000人次走进书院参与戏剧节各项活动。

（开篇交代新闻事件基本信息，用"5W"原则撰写，即：when，where，who，what，why。讲清完满活动的时间、地点、活动嘉宾、活动主题及举办活动的原因、目的）

5月15日以来，以《泰山谣》《四季的玫瑰》《科茨沃尔德服务生》《记忆里的油布》《傍晚六点下班》《宫商角徵羽》《泰安江姐》等集合音乐剧、话剧、合唱剧、舞剧、有声剧等不同表演形式在内7部原创大剧和近30部原创剧目为主要展演内容。

（正文内容：活动事件回顾，活动环节梳理）

同时举办5场戏剧讲座，首届"千面杯"校园小品大赛，并配合剧评大赛、戏剧晨读、戏剧＆剧本杀等在内的12个戏剧节外围活动……带领全校师生近距离感受戏剧带来的视觉冲击和感官盛宴，也为学校师生创造了一场绵长的戏剧之梦，诠释着近3年来戏剧在泰科萌芽、成长的无限可能。

学生活动照片

戏剧节期间，人民网、新华网、凤凰网、山东电视台等主流媒体给予了关注，山东电视台纪录片频道还全程记录了原创音乐剧《泰山谣》的排练、演出过程。泰安市宣传、共青团、教育等主管部门，泰安音乐家协会、戏剧家协会、地方有关企业等有关领导亲临现场指导和互动。

学生活动合影

学生活动照片特写照

在本次戏剧节闭幕式正式开始前，现场通过实时互动的方式进行走红毯仪式。

戏剧节节目左侧图

参与本届戏剧节的所有工作人员、剧团和演职人员依次走过红毯进入闭幕式现场。来自大学生艺术团 K-POP 女团首先献上《金克丝》和 *popstar*，动感的旋律、飒爽的舞姿，燃爆全场！

经过人气比拼和专业评审等环节，最佳男（女）主角揽岳奖、最佳男（女）配角揽岳奖、最佳协作团队奖、最具奉献团队奖、最受欢迎剧目奖等 25 类、83 个专业奖项逐一揭晓。每个戏剧人都在聚光灯下收获了专属于自己的鲜花与掌声。

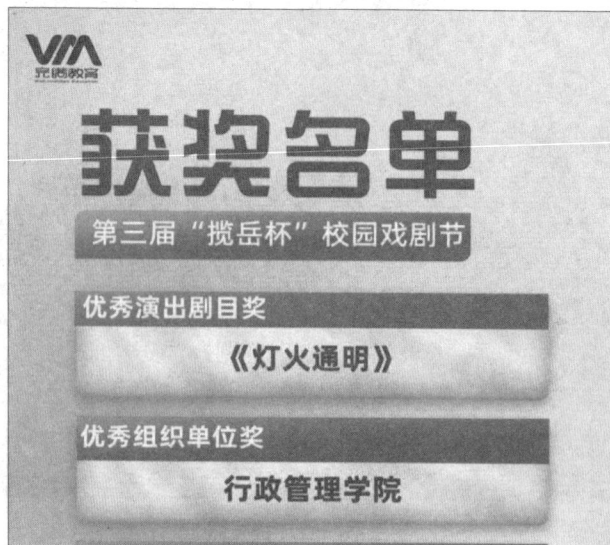

第三届"揽岳杯"校园戏剧节获奖名单

坚持原创和贴近学生是"揽岳杯"校园戏剧节的基本态度，剧目在内容呈现和表现手法方面都以校园生活、青春成长、理想信念等题材为主，关注社会现实和大学生生活实际，学生用自己热爱的方式讲述成长故事、展示青年态度。

平面篇

1. 活动平面设计宣传品的筹备——配色

在设计软件中，颜色模式被分为了 CMYK 和 RGB，RGB 色彩和 CMYK 色彩是两种不同的色彩模式，所应用的范围也不一样。RGB 色彩一般用于显示器显示、网页设计等，而 CMYK 色彩一般在平面设计领域应用较多，主要应用于色彩印刷领域。

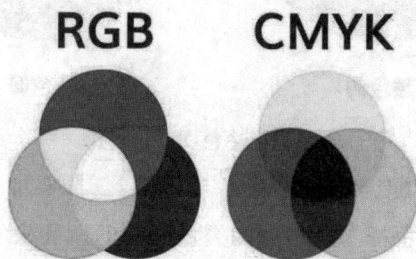

图为 RGB 和 CMYK 色彩模式示意图

通常我们在海报设计的时候，使用设计软件，一般将颜色模式设置成 CMYK 模式，这样印刷品颜色和设计时颜色相差不大。

那么，什么样的模式是最适合人眼观看的呢？答案是 HSB 颜色模式。

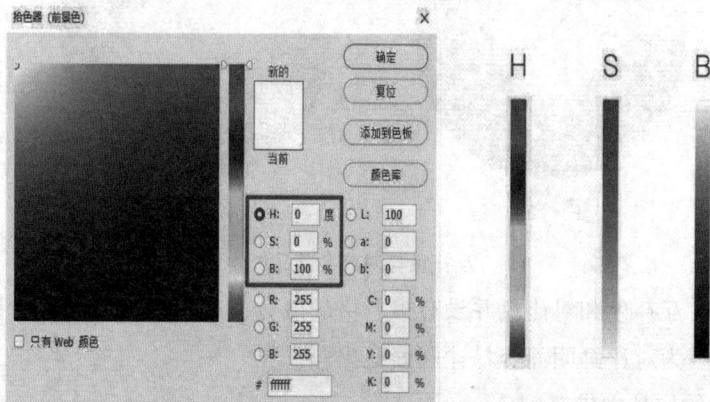

设计软件内 HSB 颜色模式

H 是色相（Hue），颜色的属性；

S 是饱和度（Saturation），纯度，显示了颜色的鲜艳与暗淡；

B 是明度（Brightness），颜色的深浅，明度越高，颜色越接近白色，越低，则越接近黑色。

因此，使用 HSB 来调整颜色，让人可以更直观地调整出想要的颜色来。

（1）高饱和度与高明度的搭配

互补色对比性强烈，因此在视觉上会产生极大的冲击作用。它们组合在一起，会产生相互衬托、相互抗衡、相互排斥的感觉，并使各自的色相更显突出，更为艳丽，具有强烈的视觉冲击力。

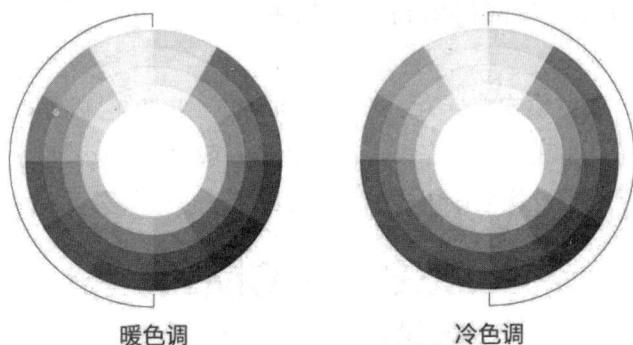

暖色调　　　　　　冷色调

暖色调与冷色调颜色对比

（2）同色系、相邻色搭配

采用明度值相近的同类色搭配，利用同类色之间的调和来实现色彩的明暗变化，这种方式在设计中也很常见。相对于前两种色彩搭配来讲邻近色在色相上的差异性是最大的，而且它所呈现出的视觉效果也是丰富多彩的。

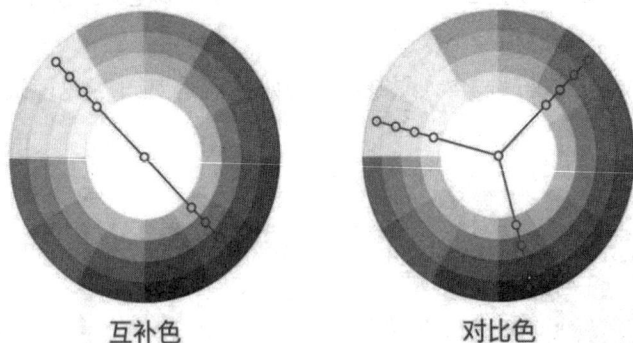

互补色　　　　　　对比色

互补色与对比色示意

在很多时候，互补色和对比色并没有很严格的区分，或者说这两者也可以理解为同一种搭配，它们都因为对比鲜明而容易让画面更出彩。

（3）从别人的作品中借鉴配色

从优秀的作品中借鉴配色同样是个不错的选择。

海报颜色识取图

（4）配色神器

① Khroma

由 George Hastings 专门为设计师开发的人工智能色彩工具，用于发现、搜索和保存您喜欢的颜色组合。

② LoL Colors

LoL Colors 是一个简单在线配色工具，可以在这里找许多色彩组合，将鼠标移动到颜色上方就会显示色值。

③ Color Claim

它是一个设计大师自建的配色网站，每个都可以直接拿来取用。

④ Color Hunter

一个多功能的配色方案自动生成器，可以随意生成渐变色、组合色、品牌色、随机色，以及从图片中提取配色方案。

⑤ BrandColors

现已收录 600 多个品牌 1600 百种颜色代码，包括 Adidas、Adobe、Alibaba、Airbnb 等全球知名企业。

⑥ Flat UI Colors

Flat UI Colors 是一个免费、高颜值的扁平化设计调色板，采集了 13 种色彩、14 个调色板、280 种颜色，支持在线切换 HEX、RGB、RGBA，点击色块即可复制或吸取色值。

2. 设计思路

2.1 特殊场景下的差异化设计

根据用户使用场景和特殊情况出现时，会结合变化呈现不同的功能或者作用，这种差异化的设计更能体现情感化设计的一面，提高用户对于活动的认可度。

泰山"青未了"杯大学生电子竞技大赛主视觉海报

"新生万象" 2022 泰山小满迎新季主视觉海报

2.2 有规划堆砌素材

进行活动主视觉海报设计的时候，首先应当考虑活动本身特点，寻找活动的"气质"。进而根据"气质"进行初步版面设计；其次需要关注设计的逻辑性，突出主体，建立层级关系，分组明确。

目标受众行为			标志色彩
目标受众习惯	洞察力	表达的方向（品牌化）	固定符号
目标受众兴趣			字体设计
目标受众情感			版式构图

海报设计层级关系

2.3 进行自我表达

运用自己擅长的技法结合当前的流行元素，把符合视觉的图形和图像表现出来。尤其是做品牌推广，可以把自己的设计技巧多应用于品牌的色值、品牌符号、品牌字体、画面的版式构图等这几个方面上的思考，做出差异化的设计方案。

品牌活动一般流程

从一场完整的活动流程上来看，所有的物资流程都需要规范输出。

3. 常用的活动平面设计

3.1 纯文字类

权心权益主题活动视觉海报

第二届"悦动力"校园达人秀（决赛）主视觉海报

"对抗算法"概念生活风车大展主视觉海报

匠心造梦历"酒"而新主视觉海报

第三季完满超级团支部展演主视觉海报

泰山"青未了杯"大学生电子竞技解说大赛主视觉海报

汶阳书院"一寝向未来"宿舍文化创意合照主视觉海报

此类平面设计在排版布局方面需要注意三点。

（1）信息分级。在海报里，信息分级是很重要的，尤其是在纯文字海报里。信息的重要性决定了文字在海报中的地位，最重要的文字一定要最突出。信息分级通过文字大小、前后、颜色、清晰度等方式表现。

（2）文字效果。通过对主要文字的拆解重组和加特效等方法，使整张平面更有特色，更能吸引人眼球。

（3）海报颜色。设计另一重要元素就是颜色，字体颜色和背景色搭配合理能使其加分不少，根据自己想要的效果选择同色系或者是对比度大的颜色。

3.2 图文搭配

乐"燃"派对音乐-篝火晚会主视觉海报

书院种草故事会主视觉海报

第三届校园体育文化节海报

书院推介周主视觉海报

校级学生组织招新主视觉海报

对于图文搭配的平面设计需要注意三点：

（1）要具体真实地写明活动时间、地点以及主要内容，抓住重点简单描述，篇幅要短小精悍。

（2）整体设计要合适得当，像排版的布置、颜色的搭配、字体外观的设定，这些都要做整体的考虑和规划，以让海报的展现效果是最佳状态。

（3）注意留白。海报画面填充得满满当当不一定最好，这样反而会产生视觉上的压力，降低阅读者的兴趣，起到相反作用。保持画面的简洁能给大家带来想象和思考的空间。

4. 视频类

4.1 活动类视频拍摄攻略（会议、演讲、沙龙、培训等）

活动类视频主要包括会议、演讲、沙龙、培训等现场花絮和活动过程的记录和展现。虽然活动的种类不同，但是对于此类视频的要求无非两种：

（1）活动现场精彩花絮的截取。

（2）较为完整的活动流程记录。

通常对于影像方面的工作内容，需要三点综合考量。

①机位

一般的大型活动，通常要求不低于三个机位进行多方位全程拍摄记录，保证不遗漏精彩的画面角度。

基础三机位示意图

对于不需要全程记录以及小型活动来说，1~2个机位足以完成，一台主机位设置在会场中心以较为稳定的状态记录主持人、嘉宾、观众的说话，另一台游机则灵活记录现场较为精彩的花絮和特写画面。

②灯光

大型活动进行拍摄时，一般来说场地的光源比较复杂，白炽灯、日光灯、聚光灯等各类灯光的色温不同，很容易造成后期画面白平衡难以统一，因此，前期必须记录下白平衡正确的画面。

③收音

大型活动现场多使用音响等扬声器设备，此场景下无需再使用额外的收音设备，但是，对于一些中小型的讲座、沙龙来说，在演讲者没有话筒的情况下，这时候就有必要携带一些收音设备。

在明确了活动的详细要求后，需要针对活动拍摄流程做一个大致的拍摄计划和脚本。脚本无须详细到每一个镜头，但是必须明确团队人员的分工，包括摄像、灯光、收音等具体负责人。

在正式拍摄前的一两天，拍摄者需要再次确认活动的详细信息和要求，在拍摄的前一晚必须去现场进行场地勘察、设置机位等工作，并完成设备（电池）的检查工作。

④后期

最后，进入后期剪辑制作环节。对于全程记录型的活动视频来说，只需要简单整理好每个机位对应的内容，在后期剪辑时对号入座即可。对于花絮类的视频，由于素材量较多，需要下一番功夫仔细分类和核对，这个时候，就算有重要的信息遗漏也难以补救了。

4.2 活动类视频后期制作常见类型

4.2.1 文字快闪

此类视频适合应用于活动开始前的前期预热，以简约、快捷的形式进行活动信息传递。吸引观众的注意力，能够在最短的时间内给观众留下最深的印象。

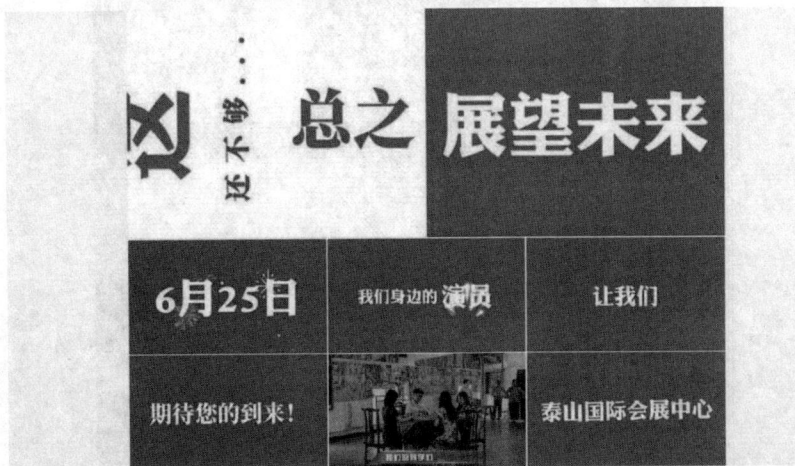

文字快闪类视频拼图

4.2.2 活动集锦

此类视频通过活动现场视频采集，后期按照一定的规律顺序进行视频拼接。能够较为完整地对于活动进行复现，此类视频在后期剪辑时一般贯穿背景音乐，视频整体节奏与背景音乐节奏相契合，对于相关环节，通常加入必要的文字介绍和现场原声。

活动集锦类视频拼图

4.2.3 主题宣传

此类视频应用于活动开始前的文化传递和内容输送，此类视频对于视频脚本、出镜人员表演素养、后期剪辑等环节的要求较高，其产出作品同样也较为出色，具有较高的传播价值和影响力。

主题宣传类视频拼图

4.2.4 亮点突出

此类视频以直抒亮点结合参与者的感想的方式进行视频制作，选取亮点之处的活动视频素材，以简单、直接的方式进行活动推介。

亮点突出类视频拼图